MARCO POLO

Schottland

Reisen mit Insider Tipps

Diesen Führer schrieb Axel Patitz. Großbritannien und insbesondere Schottland zählen zu seinen Lieblingszielen, über die er mehrere Reiseführer und zahlreiche Reiseberichte veröffentlichte.

www.marcopolo.de

Infos zu den beliebtesten Reisezielen im Internet, siehe auch Seite 102

MAIRS GEOGRAPHISCHER VERLAG

SYMBOLE

MARCO POLO INSIDER-TIPPS:
Von unserem Autor für Sie entdeckt

★ **MARCO POLO HIGHLIGHTS:**
Alles, was Sie in Schottland kennen sollten

HIER HABEN SIE EINE SCHÖNE AUSSICHT

WO SIE JUNGE LEUTE TREFFEN

PREISKATEGORIEN

Hotels

€€€	über 130 Euro
€€	50–130 Euro
€	bis 50 Euro

Die Preise gelten pro Nacht für zwei Personen im Doppelzimmer mit Frühstück.

Restaurants

€€€	über 30 Euro
€€	20–30 Euro
€	bis 20 Euro

Die Preise gelten für ein Essen mit Vor-, Haupt- und Nachspeise ohne Getränke.

KARTEN

[112 A1] Seitenzahlen und Koordinaten für den Reiseatlas Schottland

[U A1] Koordinaten für die Edinburgh-Karte im hinteren Umschlag

[O] außerhalb der Edinburgh-Karte

Zu Ihrer Orientierung sind auch die Orte mit Koordinaten versehen, die nicht im Reiseatlas eingetragen sind.

GUT ZU WISSEN

Jawort im Castle **11** · Schottisch für unterwegs **14** · Schottische Spezialitäten **20** · Working Sheepdogs **51** · Chefsache Naturschutz **53** Urtümliches Zottelvieh **73** · Schafe statt Menschen **75**

INHALT

Die wichtigsten
MARCO POLO Highlights

Sehenswürdigkeiten, Orte und Erlebnisse, die Sie nicht verpassen sollten

1 Abbotsford House
Schloss eines Dichterfürsten bei Edinburgh: Besuch bei Sir Walter Scott, der das historische Schottland unsterblich machte (Seite 35)

2 Kelso
In der schönen alten Stadt stehen die romantischen Ruinen des einst größten Klosters im Grenzland (Seite 35)

3 Arran
Grüne Täler, einsame Hochmoore, Felsburgen aus Gneis und Granit, dazu weite Sandstrände und stille Dörfer: Die Insel Arran ist »Schottland en miniature« (Seite 41)

4 Highland Wildlife Park
Wolf, Luchs, Bison und andere Ureinwohner Schottlands überleben in dieser Arche Noah bei Kincraig (Seite 51)

5 Stirling Castle
Hier wuchs Maria Stuart auf: geschichtsträchtiger Ort mit tollem Blick auf die Grampian Mountains (Seite 53)

6 Glamis Castle
Hier verbrachte Königin Elisabeth II. ihre Kindheit (Seite 56)

7 Glen Coe
Mächtige Bergflanken rahmen das großartig öde Tal ein, das zum Schauplatz einer echt schottischen Tragödie wurde (Seite 61)

Fingal's Cave auf Staffa

Prachtvolle Räume: Glamis Castle

8 Kilmartin House
Wie mit der Zeitmaschine wird man hier auf die Reise in Schottlands ferne Vergangenheit geschickt (Seite 64)

9 Staffa
Seit über 200 Jahren ist das Eiland mit der Basalthöhle Fingal's Cave ein Pilgerziel für Künstler und erlauchte Prominenz (Seite 65)

10 Skye
Die »geflügelte Insel« der alten Gälen ist zu jeder Jahreszeit ein faszinierendes Erlebnis (Seite 65)

11 Cape Wrath
Ein Höhepunkt der dramatischen Felsküste hoch im Nordwesten der Highlands ist das »Kap des Zorns« (Seite 72)

12 Inverewe Gardens
Ein Naturwunder von Menschenhand ist diese Gartenanlage an der wilden Westküste (Seite 74)

13 Wester-Ross-Küstenstraße
Das Nonplusultra auf der Fahrt ins nördliche Hochland (Seite 75)

Picknick im Tal von Glen Coe

14 Maeshowe
Ein Grab auf den Orkneys von wahrhaft königlichem Zuschnitt (Seite 80)

15 Fair Isle
Der Vogelfreund scheut keine Mühe, um zu diesem Rastplatz der Zugvögel zu kommen (Seite 82)

★ *Die Highlights sind in der Karte auf dem hinteren Umschlag eingetragen*

Entdecken Sie Schottland!

Highlands und Lowlands, Bens und Glens – dieses Land hat viele Gesichter

Whisky, Kilt, Dudelsack und einsames Hochland – das sind zugkräftige Klischees, doch Schottland hat mehr zu bieten. Wer mit offenen Augen reist, dem fällt es nicht schwer, in dem nördlichen Teil Großbritanniens ein Land zu sehen, das zu den schönsten Zielen in Europa zählt. Dazu gehört auch, dass die Schotten – obwohl man ihnen Geiz nachsagt – ein gastfreundliches Völkchen sind.

Sobald man nach der Ankunft in England Richtung Norden rollend die Grenze mit dem Schild »Scotland« passiert hat, stellt sich das Gefühl ein, jetzt müsse das Besondere kommen. Das beginnt schon im Grenzland, wenn man nicht an der Küste entlangfährt, sondern eine Straße wie die A 68 im Landesinnern wählt. Die in endlosen Wellen gestaffelten Höhenzüge der Cheviot Hills sind so einsam und still wie die kahlen, sanft geschwungenen *bens*, die Berge des Hochlands. Nur Schafe bevölkern die Einsamkeit – ein ideales Wander- und Reiterland, weithin ohne Moore und Felsgeröll.

Für die römischen Legionäre, die Anno 122 etwas weiter südlich auf der Mauerkrone des Hadrianswalls Wache schoben, war das Land der Pikten und Skoten alles andere als ein Traumziel. Sie konnten ja nicht wissen, dass hinter den Cheviot Hills ein Idyll beginnt, das wenig mit den gängigen Vorstellungen von schottischer Landschaft gemein hat. Es ist das Herz der *borders*, des Grenzlands zu England. Hier liegen in grünen Hügeln und den Tälern von River Tweed und Teviot die Städtchen Kelso, Dryburgh und Melrose mit den romantischen Ruinen großer Klöster. Als dekorative Kulisse heben sie sich gegen eine Vergangenheit ab, die gar nicht so idyllisch war. Das Grenzland war ständigen Überfällen der Engländer ausgesetzt. Die Klostergründungen waren deshalb nicht nur religiös

Bei Highland Games dürfen Dudelsackspieler nicht fehlen

Leuchtend warme Herbsttöne: Landschaft am Loch Affric

Geschichtstabelle

3000–1500 v. Chr. Die Shetland- und die Orkney-Inseln werden besiedelt

500 v. Chr. Schottland wird von Kelten besiedelt

5. Jh. Eingewanderte Pikten und Skoten gründen Königreiche

6.–7. Jh. Christianisierung Schottlands

843 Unter Kenneth MacAlpin wird Schottland geeint

11.–12. Jh. Streit um Thronfolge, Schottland wird von einem Statthalter Englands regiert

13. Jh. Unter William Wallace (»Braveheart«) Kämpfe gegen die Engländer

1328 England erkennt die Unabhängigkeit Schottlands unter Robert the Bruce an

1371 Beginn der Herrschaft des Hauses Stuart

1468 Die norwegischen Shetland- und Orkney-Inseln werden an Schottland verpfändet

1542 Geburt von Maria Stuart

1542–60 Spaltung des Landes durch die Reformation. Der Calvinist John Knox gründet die presbyterianische Church of Scotland, die zur Staatskirche wird

1567 Erzwungene Abdankung Maria Stuarts. 1587 hingerichtet

1603 Elisabeth I. von England stirbt kinderlos. Jakob VI., König von Schottland und Sohn Maria Stuarts, wird als Jakob I. zugleich König von England

1688/89 Die Herrschaft der Stuarts endet. Jakob II. flieht nach gescheiterter Rekatholisierung. Ende der Unabhängigkeit Schottlands. Wilhelm von Oranien regiert

1707 Union mit England

1745–46 Anspruch der Stuarts auf die schottische Krone; Aufstand unter Stuartprinz »Bonnie Prince Charles«. Niederlage bei Culloden. Unterdrückung durch die Engländer

1750–1850 Vertreibung der Kleinbauern *(clearances)* im Hochland zu Gunsten der Schafzucht

1850–1950 Wirtschaftlicher Aufschwung; Werftindustrie in Glasgow

1968 Erdölfunde in der Nordsee. Autonomiebestrebungen

1997 Referendum beschließt Konstituierung eines schottischen Parlaments

1999 Parlamentswahlen bringen der Labour Party die Mehrheit

2002 Ein Brand verwüstet einen Teil der Altstadt von Edinburgh

Eisenbahnbrücke über den Firth of Forth bei Edinburgh

motiviert; die schottischen Könige riefen Augustiner und Zisterzienser ins Land, damit sie die Grenze auf ihre Weise befestigten. Wie lieb den Schotten die stolzen Ruinen sind, beweist die Tatsache, dass sie unter dem Hochaltar von Melrose Abbey das Herz ihres größten Königs, Robert the Bruce, beisetzten und in den majestätischen Ruinen von Dryburgh Abbey Sir Walter Scott begruben, der im 19. Jh. mit seinen historischen Romanen ein Bild Schottlands vermittelte, das bis heute fasziniert. Grün und idyllisch wie in den östlichen Borders ist der Süden aber nicht überall. Anders als in den Cheviot Hills trifft man in Galloway auf eine überraschend dem Hochland ähnelnde Landschaft. Ein paar Jahre vor seinem großen Sieg bei Bannockburn, mit dem Schottland für einige Jahrhunderte seine Selbstständigkeit errang, schlug Robert the Bruce beim Loch Trool ein englisches Heer in die Flucht – er ließ seine Mannen Felsbrocken auf den Feind rollen.

» Edinburgh – das Athen des Nordens «

Der Norden der Lowlands ist gegen den Rest des Landes abgegrenzt. Wer ins Hochland will, kommt um Edinburgh und Glasgow nicht herum. Mit Edinburgh hat Schottland eine Hauptstadt, die zu den schönsten der Welt gehört. Bei richtiger Beleuchtung, am frühen Morgen, wirkt der kolossale Burgberg mitten in der Stadt wie eine nördliche Akropolis. Auf der »Königlichen Meile«, den Straßen zwischen Castle und Holyrood Palace, ist das Mittelalter Gegenwart. Die Häuser, Plätze und Gassen sind so historisch wie ein Roman von Sir Walter Scott. Wenn abends die Laternen aufleuchten und Stimmengewirr aus den Pubs dringt, glaubt man sich in ein früheres Jahrhundert zurückversetzt. Der Platz vor dem Castle ist im Sommer Schauplatz des Military-Tattoo, einer Militärparade mit Musik. Im Schloss ist das Zimmer zu besichtigen, in dem Maria Stuart mit einem Sohn niederkam, dem späteren James I. (dt. Jakob). Man munkelte, dass er gar nicht ihr Kind war, son-

Der raue Charme der Atlantikküste: Cottage bei Clachtoll

dern dass der echte Jakob nach der Geburt starb und durch das Kind einer Amme ersetzt wurde. Ammenmärchen? 1830 brannte es in den Königsgemächern; in einer Mauer entdeckte man einen kleinen Eichensarg mit den Knochen eines Kindes…

Was Glasgow, Schottlands größte Stadt, betrifft, hätte man vor einigen Jahren noch Mühe gehabt, Gründe für einen Besuch zu finden. Doch die Industriemetropole am River Clyde hat ihren Stolz wiedergewonnen und wurde dank ihrer Kunstschätze und kulturellen Aktivitäten zur Kulturstadt Europas 1990 und zur »UK City of Architecture and Design« gekürt.

Nördlich von Edinburgh, Glasgow und Stirling erheben sich die mächtigen, kahlen Berge *(bens)*, funkeln je nach Lichtverhältnissen die Seen *(lochs)* in den Bergmulden stahlblau, mattgrau oder schwarz wie Tinte. Wolken, Regen und Wind sind Teil der Landschaft. Selbst ein Tief hat hier unvergleichliche Qualitäten. Es regnet nicht, es schüttet. Sturmwind orgelt zwischen Felsen, fetzt Wasserfahnen aus den Lochs und Buchten. Nebel wallt. Von einer Minute zur nächsten verliert der Wind seine Kraft, die Wolken reißen auf, Sonnenstrahlen brechen durch, der Nebel verweht wie ein Spuk. Bei einer Autofahrt sollte man so oft wie möglich aussteigen, damit das Erlebnis Schottland nicht zum bloßen Sightseeing verflacht. Die Straßen wurden ausgebaut, vor allem in den touristischen Regionen des zentralen Hochlands.

»Sturmwind orgelt zwischen Felsen …«

Wen Inseln locken, dem seien die Inneren und Äußeren Hebriden empfohlen. Skye, die größte Insel, ist über eine Brücke zu erreichen. Für Bergsteiger sind die mehr als 1000 m hohen Basaltfelsen der Cuillins Traumziele. Zu Füßen der Cuillins breiten sich Moore aus – unberührte Natur, wie man sie vor allem im nördlichen Hochland findet. Die Küste ist von dramatischer Wildheit; von steilen Klippen geht der Blick zu den Nachbarinseln Rona und Raasay. Die Chiefs des Clans MacLeod sitzen seit 700 Jahren auf ihrem Spukschloss Dunvegan Castle. Sie hüten eine zauberkräftige »Feenfahne« und ein Trinkhorn, das drei Liter fasst. Den Schotten ist ihre turbulente Geschichte stets gegenwärtig. Bei den zahllosen historischen Plätzen und den heutigen sozialen Bedingungen verwundert das nicht. Schließlich hat jede Familie, ob namhafter Clan oder nur Mitglied *(sept)*, ihr Clanmuster, die Tartans, unabhängig davon, dass die alten Stammesstrukturen längst zerbrochen sind.

Bei der Fahrt durch das nördliche Hochland wird man daran erinnert, dass die so ursprünglich erscheinende Leere der Landschaft nicht naturgegeben ist. Hier wurde das Land vor 150 Jahren durch die *Highland clearances* von den Bewohnern »gesäubert« und stattdessen mit Schafen bevölkert, wovon sich die Grundherren mehr Profit versprachen. Im Hochland leben heute nur vier Prozent der 5,3 Mio. Schotten, rund 200 000 Menschen, wobei der Mangel an Arbeitsplätzen natürlich eine Rolle spielt.

Die Äußeren Hebriden, Orkney- und Shetland-Inseln trotzen den Atlantikwogen, die gegen die Felsküsten donnern. Sie sind nicht von der Welt abgeschnitten, aber Außenposten der Zivilisation, und das schon seit 6000 Jahren, wie die steinernen Zeugnisse früher Kulturen belegen: Steinkreise, Kammergräber, Steinzeitdörfer, piktische Wehr- und Wohntürme. Die Inseln sind erst gut 500 Jahre schottisch, seit 1468. Da musste sie der Dänenkönig Christian I. zur Hochzeit seiner Tochter statt einer Mitgift dem Schottenkönig Jakob III. überlassen. Die Bewohner der Orkneys und Shetlands gaben ihre von den Wikingern stammenden Bräuche und Sprache nicht so schnell auf. Eigensinn und Beharrlichkeit sind typisch schottische Tugenden – ebenso wie die Gastfreundschaft, von der Sie sich selbst überzeugen können.

» Außenposten der Zivilisation «

Jawort im Castle

Romantisch heiraten in Schottland

Früher flohen verliebte, minderjährige Pärchen ins Heiratsparadies Gretna Green, um vom Dorfschmied getraut zu werden, heute schließen Leute wie Popstar Madonna im Castle den Bund fürs Leben. Natürlich muss weder Popstar noch minderjährig sein, wem der Sinn nach einer romantischen Trauungszeremonie steht. Ob zivile oder kirchliche Trauung, in Gretna Green (mit symbolischer Zeremonie am Amboss der Dorfschmiede) im Schlosshotel, in einer alten Abtei oder auf dem Dampfschiff »Sir Walter Scott« – das Scottish Touristboard hat viele Ideen parat.

Clans, Tartans und Druiden

Vieles in Schottland, was Besuchern fremd erscheint, hat keltischen Ursprung

Architektur

Als Vorläufer des schottischen Castle gilt der *broch,* der piktische Wohnturm aus dem 1. Jh. n. Chr. Im 14. Jh. setzte sich der *Tower-House*-Typ durch: ein hoher Turm mit dicken Wänden, der in den unruhigen Zeiten gut zu verteidigen war (Threave Castle, Castle Fraser, Crathes Castle). Bald wurde dieser zentrale Block durch Flügel erweitert, es entstanden L- und Z-förmige Grundrisse. Der niedere Adel, nach der Auflösung der Klöster zu Geld gekommen, legte im 16. Jh. mehr Wert auf dekorative Elemente. Dieser »Baronial Style« blieb bis ins 19. Jh. der vorherrschende. Im 18. Jh. kam dann eine romantisierte Form, der »New Baronial Style« (Balmoral Castle, Abbotsford House), hinzu. Wichtigster Vertreter des Georgianischen Stils, gekennzeichnet durch Symmetrie und klare Linien (Floors Castle, Duff House, Hopetoun House), war William Adam. Sein Sohn Robert Adam (1728–92) vollendete Hopetoun House und wurde einer der berühmtesten Architekten seiner Zeit (Culzean Castle). Ende des 19. Jhs. wirkte erneut ein Schotte stilbildend: Der Glasgower Charles Rennie Mackintosh (1868–1928) war mit Bau- und Möbelentwürfen einer der großen Anreger des Jugendstils.

Die Schafzucht ist im schottischen Hochland noch immer ein wichtiger Wirtschaftsfaktor

Clans

Das gälische Wort *clann* bedeutet so viel wie »Kinder«. Bis zur Union mit England im Jahre 1707, durch die Schottland ein Teil des United Kingdom wurde, vor allem aber vor der Niederlage in der Schlacht von Culloden im Jahre 1746, waren die Clans des Hochlands intakte soziale Einheiten. Das Oberhaupt der häufig weit verzweigten Sippe war der Clan Chief. Die mächtigen Clans herrschten über ausgedehnte Gebiete, um die nicht selten mit anderen Clans blutig gekämpft wurde. Schwächere Sippen unterstellten sich oft als so genannte *septs* (Glieder) größeren Clans. Der Herrschaftsanspruch der Clans über ein bestimmtes Gebiet war zwar nicht verbrieft, trotzdem blieben die Grenzen der einzelnen Stammesgebiete im Großen und Ganzen über Jahrhunderte unverändert. Dazu gehörte auch die eigene Rechtsprechung und die jeweiligen Tartans

(Schottenkaros) in den traditionellen Farben und Mustern. In den Highlands gibt es noch eine große Zahl von Clans, in denen sich die alte Form der Sippenherrschaft bis heute erhalten hat.

Druiden
Wie bei den anderen Keltenstämmen der britischen Inseln spielten Druiden neben den Chieftains, den Stammeshäuptlingen, auch bei den schottischen Gälen eine zentrale Rolle. Sie waren Priester, Medizinmänner, Orakel und Ratgeber in weltlichen Fragen. Als Sprachrohr der Druiden fungierten die Barden, die Dichter und Sänger der Kelten. Das musikalische Erbe lebt bis heute in der traditionellen Musik Schottlands fort, während der Druidismus mit der Christianisierung im 6./7. Jh. verschwand.

Fauna und Flora
Berühmt ist das schottische Moorhuhn *(grouse)*. Betuchte Jäger aus aller Welt stellen dem unscheinbaren Vogel nach, der wirtschaftlich von großer Bedeutung ist. Seine Zahl ist allerdings Besorgnis erregend gesunken. Ebenso beliebt bei Sportjägern ist das *deer stalking*, die Jagd auf den Rothirsch. Es gibt noch an die 350 000 Tiere. Mit rund 250 Paaren ist der Steinadler so häufig vertreten wie sonst nirgendwo in Europa. Außerdem nisten in Schottland rund 70 Fischadlerpaare. Besonders artenreich ist die Vogelwelt im Norden und auf den Inseln, vor allem in den Vogelschutzgebieten der Inseln Foula und Fetlar sowie auf Fair Isle nahe Shetland. Die Tierwelt umfasst weiter Baummarder, Wildkatze und -ziege, Biber, Dachs und Otter.

Schottisch für unterwegs

Zahlreiche Ortsnamen, geografische Bezeichnungen u.a. in Schottland stammen aus dem Gälischen

aber: Flussmündung
ach (auch): Feld
allt (ault): Strom
ard (aird): Hügel, Anhöhe
bar: Gipfel
beg (bean): klein
ben: Berg, Gebirge
blair: Ebene, Moor
broch (brough): piktischer Turm
car: Biegung, Kurve
carn (cairn): Steinhaufen
clunie: Wiese
dun: Bergfeste
eilean: Insel
firth: Meeresbucht
glen: Tal, Schlucht
goe: kleine Bucht
how: Erdgrabhügel
inch (innis): Insel
inver: Flussmündung
kyle: kleine Meeresbucht
linn: Wasserfall
monadh: Moor
mor (mhor): groß
ob (oban): Bucht
pit: Stadt
ross: Halbinsel
strath: weites Tal
tulloch (tully): kleiner Erdhügel
uam: Höhle
uig: Ecke, Winkel
uisge (uisk): Wasser

Blütenzauber: farbenprächtiger Rhododendron am Loch Etive bei Oban

Das regenreiche, im westlichen Küstenbereich durch den Golfstrom beeinflusste milde Klima lässt eine üppige Vegetation gedeihen. So wachsen hier Magnolien, Eukalyptus, Koniferen und Azaleen. Üppig blühen im Frühjahr Ginster und Rhododendron. Das Hochland ist mit weiten Heideflächen bedeckt.

Gälisch

Seit einigen Jahren erlebt die alte gälische Sprache eine Renaissance. Knapp 60 000 Schotten sprechen sie heute, vor allem im nördlichen Hochland und auf den Äußeren Hebriden. Die Bemühungen, das Gälische auch der jungen Generation zu vermitteln, tragen allmählich Früchte. Gälisch wird heute an vielen Grundschulen unterrichtet, es gibt gälische Jugendclubs und Fernsehprogramme. In Argyll, auf der Insel Skye und den Hebriden sind alle öffentlichen Beschilderungen zweisprachig, und auf Skye werden Berufsausbildungskurse in Gälisch abgehalten. Viele junge Schotten entdecken durch gälische Musik und Dichtung ihr keltisches Erbe wieder. International bekannt wurden Musikgruppen wie »Runbrig« und »Capercaillie«. Das National Gaelic Arts Project umfasst zahlreiche Kulturveranstaltungen, u. a. das Festival Celtic Connection in Glasgow.

Highland Gatherings

Der Schottenrock fliegt, mit mächtigem Schwung dreht sich sein muskulöser Träger um die eigene Achse und schleudert den langstieligen Hammer weit von sich. Nebenan hat sich ein auch nicht schmächtiger Kollege im Kilt den 50 kg schweren, fast 6 m langen Baumstamm *(caber)* vorgenommen. *Tossing the caber* und Hammerwerfen, Tauziehen, Dudelsack- und Tanzwettbewerbe gehören zu den im Sommer stattfindenden Highland Gatherings oder Games, bei denen schottische Farben und Kraftspiele dominieren. Am berühmtesten ist das Braemar Royal Highland Gathering, an dem Mitglieder der königlichen Familie teilnehmen, die auf Balmoral Castle gerade Urlaub machen. Davon abgesehen richtet im Sommer fast jeder Ort im Hochland seine Highland Games aus.

Kilt

Im Alltag tragen Schotten nur noch selten den Kilt – und wie die Vorschrift verlangt, darunter nichts. Das Nationalkleid ist festlichen oder offiziellen Anlässen vorbehalten. Das Wort *kilt* ist wikingischer Herkunft, der Schottenrock selbst kam aber erst zu Beginn des 18. Jhs. in Mode. Vorher kleideten sich die Schotten in Decken, so genannte Plaids, die um die Taille von einem Gürtel gehalten wurden. Der bunt gefärbte Wollstoff bot Schutz gegen das feuchtkalte Klima, zumal man sich fast ständig im Freien aufhielt. Zur Herstellung des kunstvoll plissierten Prachtstücks sind bis zu 7 m Stoff notwendig, um das Karomuster perfekt zu erhalten. Die große Nadel an der rechten Seite dient nur zur Zierde. Um den Dress zu vervollständigen, tragen traditionsbewusste Schotten zum Rock die Kiltjacke in dezentem Karo oder in noblem Schwarz, vor dem Bauch die Geldtasche *(sporran)*, für den abendlichen Ausgang mit Silber beschlagen, ferner Kniestrümpfe, den Dolch *(skeandhu)* im rechten Strumpf sowie kunstvoll geschnürte Kiltschuhe oder derbe Halbschuhe.

Literarisches

Die erste Blüte der schottischen Literatur begann mit dem Ende der Unabhängigkeitskämpfe von 1286 bis 1342 unter Führung von William Wallace und Robert the Bruce. Es entstanden Werke wie »The Bruce« (1375) von John Barbour, dem ersten großen schottischen Dichter, und »Wallace« (1461), als dessen Urheber ein blinder Sänger namens Henry oder Harry gilt. Eine Sonderstellung nimmt der Dichter James Macpherson (1736–96) ein, der die Prosawerke »Fingal« und »Temora« herausbrachte und behauptete, es handle sich bei diesen von ihm aus dem Gälischen ins Englische übersetzten Epen um Dichtungen des gälischen Volkssängers Ossian. Tatsächlich beruhten sie jedoch auf mündlichen Überlieferungen unbekannter Herkunft. Schottlands Nationaldichter ist und bleibt Robert Burns (1759–96). Weit über die Landesgrenzen hinaus bekannt wurde Walter Scott (1771–1832) mit seinen historischen Romanen und Balladen. Das gilt auch für Arthur Conan Doyle (1859–1930), den »Vater« von Sherlock Holmes, für Robert Louis Stevenson (1850–94), den Autor der »Schatzinsel«, und heute für Joanne K. Rowling mit ihren Harry-Potter-Romanen.

Tartan

Das Wort *tartan* ist keltischen Ursprungs und bedeutet dasselbe wie das Wort *kilt*: Umhang oder Einhüllung. Heute werden mit Tartan vor allem die Farbmuster, also die so genannten Schottenkaros, bezeichnet, in denen der Kiltstoff gewebt wird. Sie waren das Erkennungsmerkmal der alten Clans. Mit dem Untergang der Clans in der Schlacht von Culloden im Jahr 1746, nach der die siegreichen Engländer das Tragen von Tartans und Waffen verboten, gingen auch die meisten alten Familienmuster verloren. Erst vierzig Jahre später wurde das Verbot aufgehoben, zu spät für die meisten Tartans. Nur Muster, die in alten Porträts festgehalten waren, können als authentisch gelten. Alle anderen Clans mussten sich damals neue Tartans entwerfen lassen. Die 1300 verschiedenen Muster der Tartans sind für familienverbundene Schotten mehr als nur modisches Farbspiel. Unterteilt sind die Tartans in Gruppen wie *Chief Tartans* für die Clan Chiefs und ihre nächsten Angehörigen, *Military Tartans* für die Schottenregimenter, *District Tartans* für Schotten, die keinen namhaften Clans angehören, und *Royal Tartans,* die Mitgliedern der königlichen Familie vorbehalten sind.

Tattoo

Der schottische Zapfenstreich ist ein farbenprächtiges und musikalisch hinreißendes Schauspiel. Im August ist er im Schlosshof des Edinburgh Castle zu bewundern. Dabei treten die *massed bands,* die Kapellen der Dudelsackpfeifer und Trommler, im Prunk ihrer Kilt- und Tartanmonturen auf und spielen unter Vorführung kunstvoller Paradefiguren ihre kriegerische und zugleich fröhliche Musik.

Whisky

Uisge beatha, Lebenswasser – von dem gälischen Wort leitet sich unser »Whisky« ab. Er wird seit eineinhalb Jahrtausenden im Hochland und auf den Inseln gebrannt. Im 18. Jh., dem *heroic age of whisky,* wurde das Nationalgetränk hauptsächlich in *illicit stills* schwarz gebrannt, weil die Whiskyherstellung hoch besteuert wurde. Das ist heute nicht anders, im Gegenteil: Der Fiskus kassiert 500 Prozent pro Flasche. Trotzdem blüht das Geschäft. Der ständige Vorrat des bis zu zwölf Jahre und länger lagernden Whiskys beträgt drei Mrd. Liter, durch Verdunstung verflüchtigen sich pro Jahr um die 160 Mio. Flaschen.

Wirtschaft

Whisky ist Schottlands wichtigster Exportartikel und der Tourismus die wichtigste Industrie. 1968 wurden in der Nordsee Erdöl und -gas gefunden; auf rund 3000 Mio. Tonnen werden die Vorkommen vor Schottlands Küste geschätzt. Der Ölboom ermöglichte die Schaffung neuer Arbeitsplätze, rund 50 000 Menschen finden im Offshore-Business heute ihr Auskommen. Die Fischerei spielt ebenfalls eine wichtige Rolle, größte Fischereihäfen sind Aberdeen mit einem Umsatz von jährlich rund 160 000 Tonnen und Ullapool mit rund 80 000 Tonnen. Die rund 50 Mio. schottischen Schafe liefern den Rohstoff für die Wollindustrie, die ihre Produkte erfolgreich in alle Welt verkauft.

In den »stills« der Brennereien entsteht der berühmte Whisky

TALISKER
1967

Alles eine Frage des Budgets

Die schottische Küche lockt mit bodenständigen, herzhaften Spezialitäten

Schottisch essen, das heißt in erster Linie, wie die Briten essen. Natürlich hat Schottland auch seine Traditionsgerichte wie den berühmten *haggis,* wie *arbroath smokies,* geräucherten Schellfisch, oder *hotchpotch,* einen Lammeintopf; gekocht wird in den besseren Restaurants und Hotels jedoch nach internationalen Rezepten. Vor allem in großen Stadt- und feinen Landhotels hat die Kochkunst in Schottland oft Feinschmeckerniveau. In kleineren Städten und auf dem Land bietet die durchschnittliche Küche seltener ausgesprochene Gaumengenüsse: Die Auswahl an Gerichten ist begrenzt und frisches, nicht tiefgefrorenes Gemüse eher die Ausnahme. Ob man sich nach BSE in Großbritannien wieder an Rindfleisch heranwagen mag, ist jedem selbst überlassen.

Das schottische Frühstück ist ähnlich zusammengesetzt wie das englische. *Continental breakfast* gibt's nur auf Bestellung in größeren Hotels. Neben dem üblichen *ham and eggs* kommen beim Scottish Breakfast meist gegrillte Würstchen, geschmorte Tomaten, Toast und Marmelade sowie auf Bestellung *kippers,* warme, geräucherte Heringsfilets, auf den Tisch. Tradition hat auch der Haferbrei *porridge,* zusätzlich gibt's oft noch Cornflakes oder Müsli. Dazu trinkt man Kaffee oder Tee.

Das Endprodukt der Destillen lagert lange in Eichenfässern, bevor es in Flaschen abgefüllt wird

Aus dem Mittagessen, dem *Lunch,* wird meist keine große Affäre gemacht. Die ideale und preiswerte Mahlzeit bei Ausflügen und Autotouren ist das *Bar Lunch:* Ein Tellergericht wie beispielsweise das vorzügliche *ploughman's Lunch* (eine Art Bauernfrühstück), warme Pies (Fleischpasteten) oder Sandwiches bekommt man um die Mittagszeit zwischen 12 und 14.30 Uhr – aber nur dann! – in den meisten Pubs und Hotelbars. Magenfüllender isst man, wenn man ein Mittagessen im Restaurant/Hotel ordert. Für noch größeren Hunger steht in guten Gaststätten/Hotels ein so genanntes *Luncheon Buffet* bereit.

Wie die südlichen Nachbarn auf der britischen Insel schätzen und pflegen die Schotten den *Afternoon Tea.* Zwischen 15 und 17 Uhr ist *teatime.* Beliebt sind dazu *scones,* einfache Küchlein, die aufgeschnitten mit Butter und Marmelade und

Schottische Spezialitäten

Lassen Sie sich diese Köstlichkeiten gut schmecken!

Arbroath smokies – Schellfisch, der ausgenommen, leicht gesalzen und über Eichen- oder Birkenholz geräuchert und warm gegessen wird

Cheese cake – süße Nachspeise: Auf Biskuit wird eine schaumige Masse aus Quark und Sahne gegeben

Cranachan – köstliche Nachspeise, bestehend aus Sahne, Hafermehl und Himbeeren

Cullen Skink – Fischsuppe aus geräuchertem Schellfisch, mit Milch und mit Kartoffeln und Zwiebeln als Einlage

Finnan haddock – eine Kreation aus Findon, Aberdeenshire: Man reibt Schellfisch mit Salz ein und trocknet ihn am Strand, danach kommt er in den Rauch eines Torffeuers

Haggis – kugelförmiger Schafsmagen, gestopft mit Schafsinnereien wie Herz, Leber und Lunge, gemischt und gewürzt mit Hafermehl, Hammelfett, Zwiebeln, Salz und Pfeffer. Zum drei bis vier Stunden lang gekochten *haggis* gibt's traditionell Kartoffelbrei *(chappit tatties)* und weiße Rüben *(bashed neeps)*

Hotchpotch – Suppe aus Lammfleisch und verschiedenen jungen Gemüsen

Kippers – eine zum Frühstück gereichte Delikatesse: Der in Hälften zerlegte, gesalzene und geräucherte Hering wird warm gegessen. Berühmt sind *kippers* aus dem Loch Fyne

Lager Shandy – sehr alkoholarmes, aber erfrischendes Bier, das unserem Alsterwasser bzw. Radler entspricht

Lorraine Soup – die »Königliche«: eine cremige Hühnersuppe mit Mandeln, Zitrone und Muskatnuss, die Mary of Lorraine, die Mutter von Maria Stuart, populär gemacht haben soll

Partan bree – eine cremige Fischsuppe mit Krebsen als Hauptbestandteil

Porridge – der schottische Haferbrei zum Frühstück ist besonders lecker, da er 30 Minuten in Milch gekocht wird

Scotch broth – eine leichte Gemüsesuppe mit Graupen und Lamm- oder Rinderschulter bzw. -nacken

Sticky toffee pudding – eine sehr süße Mischung aus Kuchen und Vanillesoße

oft auch mit Schlagsahne *(cream)* gegessen werden. Außerdem gibt es Gebäck oder Sandwiches, vorzugsweise belegt mit Pâté, Ei, Gurkenscheiben oder Lachs.

Die Hauptmahlzeit des Tages ist das abendliche *Dinner.* Auch hier hat man die Wahl, alternativ in einem Pub ein preiswertes *Bar Supper* zu nehmen. Zum Dinner zieht man sich in der Regel um, vor allem in guten Hotels, und nimmt erst in der Bar einen Drink, für die Herren Bier oder Whisky, für die Damen Sherry oder Ähnliches. Ab 19 Uhr bis 21 oder 22 Uhr ist Dinnertime.

Wild und Meerestiere sind in Schottland besonders zu empfehlen. Hauptlieferanten für Wildbret sind der Rothirsch *(deer)* und das Moorhuhn *(grouse)*. Lachs und Forelle gibt es reichlich in den Flüssen und Lochs bzw. auch von Lachsfarmen. Lachs kommt in allen nur denkbaren Zubereitungsarten auf den Tisch: gegrillt, gekocht oder geräuchert; Forelle gibt's vor allem blau, gebraten oder gegrillt. Am häufigsten wird Schellfisch *(haddock)* in verschiedener Zubereitung gegessen.

Es gibt eine Reihe typischer und schmackhafter Suppen wie *Cullen skink, Hotchpotch, Partan bree, Scotch broth* oder *Lorraine soup* (siehe Kasten linke Seite). Das berühmt-berüchtigte *haggis* ist zwar das »schottische Nationalgericht«, aber keineswegs eine alltägliche Speise. Um die Verdauung zu erleichtern, wird die Delikatesse fleißig mit Whisky begossen.

Apropos Whisky: Drei Faktoren bestimmen die Qualität und den Geschmack des schottischen Nationalgetränks: die Güte des klaren Quellwassers, der Torf, über dem die keimende Gerste gedarrt wird, und das konstant feuchte, kühle Klima während der jahrelangen Lagerung in Eichen- oder Sherryfässern. Malzwhisky ist das Originalprodukt, *blended* Whisky besteht zu mindestens 20 Prozent aus Malzwhisky und im übrigen aus einem Dutzend verschiedener Sorten Kornwhisky.

Pub in Edinburgh: »Last Drop« am Grassmarket

ALEXON
Hats
by
PHILIP
TREACY

Tweed, Plaids und Whisky

Bunt wie ein Tartan ist das Angebot an landestypischen Souvenirs

Mehr noch als mit Castles ist der Weg bei der Rundreise durch Schottland mit Kunsthandwerksläden *(craft shops)* und den Produktionsstätten schottischer Handwerker *(craft workshops)* gesäumt. Im Land der 50 Millionen Schafe steht natürlich Handgestricktes und Gewebtes obenan: Bei der Wollmode handelt es sich heute nicht mehr um Modelle aus Großmutters Zeit, sondern um zeitgemäßes Design, für Stadt und Land gleichermaßen geeignet. James Pringle ist mit seinen Pullovern, Röcken, Jacken und Mützen eine Weltmarke. »Harris Tweed«, von der Insel Harris kommend, wurde bereits 1909 als Warenzeichen eingetragen und unterliegt nach wie vor strengen Qualitätsnormen: Er muss – so die selbst auferlegte Maxime – »aus reiner Schurwolle bestehen, die in Schottland hergestellt, gesponnen und gefärbt und auf den Äußeren Hebriden von den Inselbewohnern in ihren eigenen Häusern handgewebt wird«. Ein daraus gefertigtes Kleidungsstück hat heute natürlich seinen relativ hohen Preis, hält dafür aber auch ein halbes Leben.

Jenners in Edinburgh pflegt seinen vornehmen Stil mit Understatement

Sehr günstig kann man oft noch Plaids erstehen, in mehr oder weniger bunten Tartan-Mustern. Allerdings lohnt es sich meist nicht, in städtischen Billigläden einzukaufen, die oft eine erbärmliche Qualität anbieten.

Sehr schöne Keramik kann man in einer *pottery* am Wege erstehen, wo künstlerisch begabte Töpfer(innen) die Töpferscheibe drehen. Schottisches Glas aus kleinen Hütten wie in Bridge of Allen bei Stirling oder das bekannte Caithness-Glas aus Wick mit keltischen Mustern ist ein originelles Mitbringsel.

Auch ein Stück Druamor Highland Heideseife *(heathersoap)* hält die Erinnerung an Schottland lebendig – was auf andere Art auch für ein Glas Grapefruitmarmelade oder die Flasche Malt-Whisky, erstanden vielleicht beim Besuch einer *distillery,* gelten mag.

Gelegenheiten, auf Märkten und beim Trödler fündig zu werden, sind natürlich auch gegeben, vor allem in den größeren Städten wie Edinburgh, Glasgow und Aberdeen. Hier kauft man, was Warenangebot und Preise betrifft, am besten ein.

Feste, Events und mehr

Skurrile Wettbewerbe und Dudelsackmusik – die Schotten wissen zu feiern

Traditionelles Brauchtum und ausgelassene Feste zugleich sind die ★ Highland Games. Hier zeigen starke Kerle, was sie können: Es wird mit Bäumen geworfen, *tossing the caber,* eine Art Hammer geschleudert und am Tau gezogen – und das alles natürlich mit zünftiger Dudelsackbegleitung. In über hundert Orten finden diese *gatherings* von Juni bis September unter großer Anteilnahme der Bevölkerung statt.

Für harte Kerle: Highland Games

Feiertage

1. Jan. *New Year's Day ;* **März/ April** *Good Friday (Karfreitag);* **1. Mo im Mai** *May Day;* **25. Dez.** *Christmas Day;* **26. Dez.** *Boxing Day.* Ostern und Pfingsten sind zwar kirchliche Feste, aber keine Feiertage. Daneben gibt es die *Bank Holidays,* an denen die Banken geschlossen haben: *2. Januar, Spring Bank Holiday (letzter Mo im Mai), Summer Bank Holiday (1. oder letzter Mo im Aug.)*

Feste und lokale Veranstaltungen

Januar

Im ganzen Land: 25., *Burns' Supper,* Haggis-Essen zu Burns' Geburtstag, mit viel Whisky und Burns-Gedichten

April

Edinburgh: 1. und 2. Woche, *Edinburgh International Science Festival,* beim weltgrößten internationalen Festival seiner Art können Laien die neuesten Erkenntnisse der Naturwissenschaft kennen lernen
Kircaldy: 3. Woche, *Links Market,* sechstägiges Volksfest mit Jahrmarkt für die ganze Familie
Isle of Bute: Ende April/Anfang Mai, *Jazz Festival,* in Rothesay auf der Insel Bute spielen Jazzgrößen auf

Mai

Orkneys: 3. Wochenende, *Orkney Folk Festival,* Folkmusik und traditionelle *ceilidhs,* hier improvisieren Musiker, Sänger und Zuhörer zusammen
Blair Atholl/Blair Castle: Ende des Monats, *Blair Atholl Highland Gathering* mit der *Atholl Highlanders' Parade,* der einzigen Privatarmee Schottlands

Glasgow: Ende Mai/Anfang Juni, *International Jazz Festival,* zehn Tage Jazz, das größte und bestbesetzte Jazzfestival in Großbritannien

Juni

Isle of Arran: 2. Woche, *Folk Festival,* Veranstaltungen auf der ganzen Insel
Isle of Skye: 3. Wochenende *Donald McDonald Quaich Piping Recital,* Dudelsackmusik im Clan Donald Centre
Kirkwall/Orkney: 3. Woche, *St. Magnus Festival,* Theater, Tanz, Lesungen, Musik und Film mit internationaler Besetzung
Edinburgh: letzte Woche, *Royal Highland Show,* Schottlands größtes Fest rund um Tier und Landwirtschaft
Dingwall: Ende Juni, *Highland Traditional Music Festival,* die besten Musiker der Highlands

Juli

Isle of Tiree, Argyll: 2. Woche, *Feis Thiriosh (Tiree Festival),* gälische Musik, Tanz und Gesang
Isle of Skye und Lochalsh: 2. Woche, Insider Tipp *Feis an Eilein (Skye & Lochalsh Festival),* diverse Veranstaltungen in gälischer Tradition auf Skye in Lochalsh
Western Isles/Stornoway: Mitte Juli, *Hebridian Celtic Music Festival,* großes Treffen keltischer Künstler
Inverness: 4. Wochenende, *Highland Games* mit *Mini Games* für Kinder
Eyemouth: Ende Juli/Anfang Aug., *Herring Queen Festival,* Fischerbootparade und Wahl der Heringskönigin
Callander: Ende Juli/Anfang Aug., Insider Tipp *World Highland Games Championships,* hier messen die Meister aller Kategorien ihre Kräfte

August

Parton: 1. So, *Alternative Games,* kuriose traditionelle Sportarten wie *tossing the sheaf,* »Schafe werfen«
St. Andrews: fünf Tage Anfang Aug., Insider Tipp *Lammas Fair,* großer Jahrmarkt
Edinburgh: – drei Wochen im Aug., *Military Tattoo,* Aufmarsch der Dudelsackkapellen vor dem Schloss
– Anfang bis Ende Aug., *Festival Fringe,* Treffen der besten Comedy- und Kabarettgruppen
– Mitte Aug. bis Anfang Sept., ★ *Edinburgh International Festival,* eines der besten Theatertreffen Europas
Glasgow: Mitte Aug., *World Pipe Championships,* Wettbewerb der besten Dudelsackkapellen

September

Braemar: 1. Sa, *Royal Highland Gathering,* Hochland-Festspiele in Anwesenheit der Königlichen Familie

Gaukler beim Straßenfest

Reizvolles Grenzland

Zu entdecken sind alte Abteistädte, Burgen und kulturelle Zentren wie Glasgow und Edinburgh

Auf der Fahrt nach Schottland sind zwei Grenzen zu passieren: zum ersten der von Kaiser Hadrian im Jahre 127 erbaute, nach ihm benannte Limes, der sich über 120 km von Newcastle upon Tyne an der Ostküste bis zur Westküste bei Carlisle hinzieht, zum zweiten die heutige Grenze zwischen England und Schottland. Der Hadrianswall war die Verteidigungslinie des Römischen Reiches gegen die wilden Pikten und Skoten, ein tiefer Graben und ein 3 m hoher Damm, auf dem sich heute teilweise vorzüglich wandern lässt. Die zweite Grenze wird nicht von Schlagbäumen, nur von Schildern oder Steinsäulen mit der Aufschrift »Scotland« markiert. Dahinter beginnt *The Borders*, das jahrhundertelang umkämpfte Grenzland mit den sanft geschwungenen Cheviot Hills, hübschen Kleinstädten wie Jedburgh, Kelso, Melrose und Dryburgh – alle bekannt als Orte prächtiger Abteiruinen.

Der südliche Teil Schottlands wird *Lowlands*, Tiefland genannt, im Unterschied zu den Highlands.

Ein faszinierendes Schauspiel ist das perfekt inszenierte Military Tattoo auf dem Edinburgh Castle

Sommeridyll am Loch Lomond

Tiefland ist alles südlich der Linie Firth of Clyde, Stirling und Perth. Lange galten die Hochlandschotten den Tieflandschotten als *wild Scots,* ungehobelte, in endlose Clanzwistigkeiten verstrickte Raufbolde und arme Vettern.

Mit Edinburgh hat Schottland eine Hauptstadt, die unter den größten und schönsten Städten im Vereinigten Königreich einen Platz an der Spitze einnimmt. Glasgow war einst eine Metropole der Schiffsbau- und Ingenieurskunst und ist heute eine Kongress- und Kulturstadt von europäischem Rang.

The Borders bieten bereits alles, was typisch an Schottland ist: einsam gelegene Bergseen, wilde Moore und endlose Hügel. Auch die Castles und feudalen Schlösser sind hier nicht weniger dicht gesät als im zentralen Hochland, und zum

Wandern, Angeln und Reiten sind die besten Voraussetzungen gegeben. Ein besonderes Vergnügen ist es, den Spuren des Nationalbarden Robert Burns zu folgen, auf dem nach ihm benannten Trail: von Alloway, wo er in einer winzigen, Hütte geboren wurde, quer durch Ayr nach Dumfries, wo er seine letzten Jahre verbrachte.

DUMFRIES

[114 B6] Das Städtchen (33000 Ew.) im Südwesten pflegt die Erinnerung an Robert Burns und ist Ausgangspunkt für Ausflüge im landschaftlich abwechslungsreichen Galloway und entlang der malerischen Küste der Lowlands. Die in rotem Sandstein erbauten Häuser geben Dumfries einen anheimelnden Charakter. Gepflegt breitet sich die Stadt am Ufer des River Nith aus, über den sich die imposante Devorgilla's Bridge aus dem Jahr 1431 spannt. Die Hauptattraktion von Dumfries ist jedoch Robert Burns bzw. die Stationen seiner letzten Lebensjahre: sein Haus, sein Lieblingspub sowie sein Grabmal.

SEHENSWERTES

Burns' House
1791 zog Robert Burns nach Dumfries, wo er eine Stelle als Steuereinnehmer antrat, um seine Großfamilie (15 Kinder, davon sechs unehelich) ernähren zu können. Das Haus in der ehemaligen Mill Vennel bezog er 1793, seine Frau Jean Armour lebte hier bis 1834. *Burns Street, Mo–Sa 10–13, 14–17, So 14–17 Uhr, Nebensaison So/Mo geschl.*

Burns Mausoleum
Auf dem Friedhof St. Michael's nahe seinem letzten Wohnsitz wurde Robert Burns bestattet. 1815 wurden seine Gebeine in das Mausoleum umgebettet.

Robert Burns Centre
In einer malerischen Mühle von 1781 am River Nith wird eine Ausstellung zum Leben des schottischen Nationaldichters gezeigt; außerdem gibt es einen kleinen Saal für audiovisuelle Vorführungen, einen Buchladen und ein Café. *Mill Road, Mo–Sa 10–20, So 14–17 Uhr, Nebensaison So/Mo geschl.*

MUSEEN

Dumfries Museum
Interessantes Museum der Region Solway in einer alten Mühle. Zu den Attraktionen gehört eine Camera obscura. *The Observatory, Mo–Sa 10–17, So 14–17 Uhr, Nebensaison So/Mo geschl.*

The Old Bridge House Museum
In dem Gebäude von 1660 sind Möbel verschiedener Epochen aus der Gegend zu sehen. *Mill Road, April–Sept. Mo–Sa 10–17, So 14 bis 17 Uhr*

ESSEN & TRINKEN

Globe Inn
Noch heute ist Burns' Lieblings-*howff* (-pub) in Betrieb wie zu Lebzeiten des Dichters. Als Relikte sind hier u. a. sein Stuhl und eine Fensterscheibe mit einer Gravur von »Rabbie«, wie Burns von seinen Landsleuten genannt wird, zu besichtigen. Gutes Bar-Lunch. *56 High Street, Tel. 01387/25 23 35,* €

ÜBERNACHTEN

Hazeldean Guesthouse
Klein und fein, komfortable Zimmer. *5 Zi., 4 Moffat Road, Tel./Fax 01387/26 61 78, www.hazeldeanhouse.com,* €€

Station Hotel
Gemütliches viktorianisches Haus beim Bahnhof. *32 Zi., 49 Lovers Walk, Tel. 01387/24 43 16, Fax 25 03 88, www.stationhotel.co.uk,* €€

AUSKUNFT

Dumfries Tourist Office
Whitesands, Tel. 01387/25 38 62, Fax 24 55 55, www.galloway.co.uk

ZIELE IN DER UMGEBUNG

Bruce's Stone [113 E5]
In wilder Highland-Natur liegt der schöne *Loch Trool* im Galloway Forest Park. Bruce's Stone auf einer Anhöhe erinnert an den Sieg des schottischen Freiheitshelden Robert the Bruce über die Engländer (1307). 85 km nordwestlich von Dumfries

Caerlaverock Castle [114 B6]
Prächtig gelegene Wasserburg mit dreieckigem Grundriss, die seit 1270 Sitz der Familie Maxwell ist; der heutige Bau stammt aus dem 15. Jh. *April–Sept. Mo–Sa 9.30 bis 18.30, So 14–18.30 Uhr.* 15 km südlich von Dumfries

Ellisland Farm [114 A–B5]
1788 startete Burns hier einen Versuch als Landwirt. 1791 wurde die Farm versteigert, die zumindest als Entstehungsort berühmter Burns-Werke Früchte trug. *Museum April bis Sept. Mo–Sa 10–13, 14–17, So 14–17 Uhr.* 10 km nordwestlich von Dumfries

Gretna Green [114 C6]
In diesem Heiratsparadies, wo jungen Paaren ohne Einwilligung der Eltern ehelicher Segen erteilt wurde, finden immer noch zivile und kirchliche Trauungen statt. (1940 wurden die heimlichen Trauungen

MARCO POLO Highlights »Der Süden«

★ **Abbotsford House**
Wo Sir Walter Scott lebte (Seite 35)

★ **Alloway**
Der Geburtsort des Nationalbarden Robert Burns (Seite 41)

★ **Arran**
Die Insel gilt als »Schottland en miniature« (Seite 41)

★ **Kelso**
Schöne Stadt mit alter Abtei (Seite 35)

★ **Melrose Abbey**
Besonders stimmungsvolle Abteiruine im Grenzland (Seite 35)

★ **New Lanark**
Ein Industriedorf als soziales Vorbild (Seite 41)

verboten). Die Schmiede (*Old Blacksmith's Shop*, Ort der Trauungen) ist zugleich *Visitors Centre* mit Museum und Restaurant. 56 km östlich von Dumfries.

Kirkcudbright **[113 E6]**
Geschützt in einer Bucht liegt die reizende kleine Stadt mit lebhaftem Fischerhafen. In der Highstreet steht das Broughton House, 1901 bis 1933 Wohnsitz des Malers E. A. Hornel, mit Ausstellung seiner Werke und schönem japanischem Garten *(April–Okt. tgl. 13–17.30 Uhr)*. 40 km südwestlich von Dumfries

Sweetheart Abbey **[114 B6]**
Schöne Klosterruine im hübschen Dorf New Abbey. Die Abtei wurde im Jahr 1273 von Devorgilla Balliol in Erinnerung an ihren Gemahl John Balliol gegründet. Beim Ort befindet sich das *Shambellie House Museum of Costume (tgl. 11 bis 17 Uhr)*, wo historische Kleider gezeigt werden. *April–Sept. Mo–Sa 9.30–18.30, So 14–18.30 Uhr.* 11 km südlich von Dumfries

Threave Gardens und Castle **[114 A6]**
Bei *Castle Douglas* gelegene herrliche Gärten mit *Countryside Centre* und einer Burgruine (1639) auf einer Flussinsel des Dee. Für die Überfahrt: *ring custodian,* nach dem Fährmann läuten. *April–Sept. Mo bis Sa 9.30–18.30, So 14–18.30 Uhr.* 27 km westlich von Dumfries

Insider Tipp **Wigtown** **[113 E5–6]**
Büchernarren fahren in Scotland's National Book Town. Hier lässt es sich herrlich in mehr als einem Dutzend Buchläden stöbern. 72 km südwestlich von Dumfries

EDINBURGH

Karte in der hinteren Umschlagklappe

[115 D2] Edinburgh (453 000 Ew.), die Hauptstadt Schottlands, ist seit 1999 nach über 300-jähriger Pause wieder Sitz eines eigenen schottischen Parlaments. Das ist für die Schotten nichts weniger als eine Wiedergeburt ihres Landes, die sie derzeit mit dem Bau eines neuen Regierungsviertels unterhalb der Altstadt untermauern. Hinzu kommen neue Attraktionen wie das *Museum of Scotland* oder die Multimediashow *Dynamic Earth* sowie die Renovierung des alten Hafenviertels Leith und der Einkaufsmeile Princes Street. Mittelpunkt von Edinburgh ist der über der Stadt aufragende Burgberg mit der Altstadt. Bei der Entstehung der Stadtlandschaft haben Hügel und Täler ein abwechslungsreiches Profil hervorgebracht. Burgberg und Princes Street sind die beiden Pole, getrennt durch die Talsenke der Princes Street Gardens.

Fast eine Stadt für sich ist *Edinburgh Castle* mit seinen Mauern und dicht gedrängten Bauten. Es bildet mit der Royal Mile, dem mittelalterlichen Straßenzug bis hinab zum Schloss Holyrood House, den Gegenpol zur Neustadt jenseits der Princes Street. Diese *New Town* ist auch schon ca. 230 Jahre alt. In ihrer architektonischen Geschlossenheit mit noblen Häusern an geraden Straßen, halbkreisförmigen Crescents, weiten Plätzen und Parks ist sie ein Musterbeispiel der Stadtplanung jener Epoche. Und nicht zuletzt als Festspielstadt hat Edinburgh internationalen Ruf.

SEHENSWERTES

Dean Village **[O]**
Das ehemalige Viertel der Bäcker, Gerber und Weber liegt am Fluss Leith, der die Mühlen für das Handwerk betrieb. Ein schönes Dorfidyll, das zu Spaziergängen einlädt. *Am Ende der Queensferry Street*

Edinburgh Castle **[U B3–4]**
Vom Castle hat Edinburgh seinen Namen: *Din Eidyn* bedeutet Burg auf gälisch, das Wort *burg* hingegen ist angelsächsischen Ursprungs. Im 11. Jh. entstanden die ersten Bauten auf dem Burgberg, von denen nur die Kapelle der Königin Margarete erhalten ist. Die berühmte Kanone *Mons Meg* befindet sich in einem Raum im Inneren der Burg. Sie wurde bei der Belagerung von Norham 1497 eingesetzt und schoss 1558 bei der Hochzeit von Maria Stuart mit dem französischen Kronprinzen Salut. Im Schloss an der Südostseite des Crown Square besichtigt man das winzige Zimmer, in dem Maria Stuart James VI. gebar, den späteren James I. von England. Im Nebenraum werden die *Honours of Scotland,* die schottischen Kroninsignien, und der Stein von Scone *(Stone of Destiny)* aufbewahrt. Diesen Stein, auf dem die schottischen Könige gekrönt wurden, ließ Eduard I. Ende des 13. Jhs. nach Westminster Abbey schaffen. Erst 700 Jahre später, 1996, kam er nach Schottland zurück. Zum Komplex gehören das *Scottish National War Memorial* und das Armeemuseum. *Tgl. 9.30–18 Uhr*

The Hub **[U C4]**
Brennpunkt des kulturellen Lebens ist Edinburghs neues Festival Centre. Der ehemalige viktorianische *Highland Tolbooth* (Gefängnis) ist auch architektonisch ein Ereignis. Mit Ticket Centre, Caférestaurant Bildungseinrichtungen. *Castlehill, Di–Sa 9.30–23, So/Mo 9.30–21 Uhr, www.eif.co.uk*

Leith **[O]**
Neues Leben und ein umfassendes Make-up haben Edinburghs alten Hafen Leith mit dem im Herbst 2001 eröffneten *Ocean Terminal* zu einem beliebten Ziel werden lassen. Hier gibt es jetzt eine flotte Restaurant- und Pubszene und seit Herbst 1998 die Royal Yacht »Britannia« Insider Tipp Ihrer Majestät, der Königin, die nach 44 Dienstjahren und mehr als einer Million Seemeilen für immer in den Docks fest gemacht hat und besichtigt werden darf. *Tgl. 9.30–16.30, Nebensaison 10 bis 15.30 Uhr, www.royalyachtbritannia.co.uk*

Gemütlichkeit auf Britisch: Pub in Edinburgh

Outlook Tower und Camera Obscura **[U C3–4]**

In dem Turm am Platz vor der Burg eine Holografieausstellung und eine Camera obscura, eine Lochkamera von 1850, die im Dunklen das Spiegelbild von Edinburgh in eine große Schale projiziert. *Castlehill, tgl. 9.30–18, Nebensaison Mo–Sa 10–17 Uhr*

Palace of Holyrood House **[O]**

Hier residiert die englische Königin bei ihren Besuchen in Schottland. Die heutigen Bauten stammen aus dem 16. und 17. Jh. Zu besichtigen sind die prunkvollen Staatsgemächer. Im großen Saal hängen die Porträts von 111 schottischen Königen. Bescheiden wirken die Gemächer von Königin Maria Stuart im älteren Turmteil des Schlosses. Hier wurde 1566 David Rizzio, der Sekretär und Geliebte der Königin, ermordet. *Tgl. 9.30–18, Nebensaison nur bis 16.30 Uhr*

Royal Mile **[U C–F 3–4]**

Die Königliche Meile in der Altstadt besteht aus Castle Hill, Lawnmarket, High Street und Canongate. Sie beginnt bei der Burg und endet vor dem Palace Holyrood House. Von dort sollten Sie nicht versäumen, zu *Arthur's Seat* zu spazieren, einem 250 m hohen erloschenen Vulkan. Weite Heide und schroffe Felsen geben einen Vorgeschmack auf die Highlands. Stationen auf der Royal Mile sind: *Lady Stairs House* von 1622 mit Manuskripten und Andenken an Sir Walter Scott, Robert Burns und Robert L. Stevenson; *Lawnmarket; St. Giles Cathedral,* erbaut im 15. Jh.; *High Street, Museum of Childhood* mit Spielzeugsammlung und Shop; schräg gegenüber in der High Street *John Knox's House* (15. Jh.), in dem der Reformator John Knox wohnte, sowie die Museen *Huntly House* (Stadtgeschichte) und *The People's Story* (Volkskunde).

MUSEEN

Dean Gallery **[O]**

Ein Muss für Kunstliebhaber. Neben der prächtigen Skulpturen- und Grafiksammlung »The Paolozzi Gift« sind Meisterwerke des Dada und der Surrealisten zu bewundern, u. a. von Dalí, Magritte, Picasso, Miró und Tanguy. *Belford Road, Mo–Sa 10–17, So 12–17 Uhr*

Georgian House **[U A2–3]**

Am schönen Charlotte Square von 1791 steht das stattliche Bürgerhaus, das noch original eingerichtet ist. *7 Charlotte Square, tgl. 10–17, Nebensaison 11–15 Uhr*

Museum of Scotland **[U D4]**

In dem neuen, futuristischen Bau neben dem Royal Museum wird Schottlands Geschichte mit exzellenten Sammlungen und neuer Technik nahe gebracht. Das *Tower Restaurant* (Insider Tipp) im obersten Stockwerk glänzt mit exquisitem Design und feiner Küche. *Chambers Street, Mo bis Sa 10–17, So 12–17, Di bis 20 Uhr, www.nms.ac.uk*

National Gallery of Scotland **[U C3]**

Eine der besten Kunstgalerien Europas: Rubens, Holbein, Tizian, Raffael; französische Impressionisten sowie Werken schottischer und englischer Maler. *Princes Street/The Mound, Mo–Sa 10–17, So 12 bis 17 Uhr, www.nationalgalleries.org*

Royal Museum [U D4]
Vielseitige Sammlungen, von Archäologie über Geologie und Technik bis hin zu Völkerkunde. Toll die große viktorianische Halle mit Galerien, Stahlbögen und Glasdach. *Chambers Street, Mo–Sa 10–17, So 12–17, Di bis 20 Uhr, www.nms.ac.uk*

Scottish National Gallery of Modern Art [O]
Moderne Kunst – Pablo Picasso, Henry Moore, David Hockney u. a. – untergebracht in einem stilvollen Haus aus dem 19. Jh. *Belford Road, westl. Stadtrand, Mo–Sa 10–17, So 12–17 Uhr, www.nationalgalleries.org*

The Scottish Tartans Museum [U A3]
Ein absolutes Must, wenn Sie sich über Tartans und das schottische Clanwesen informieren wollen. *Scotch, Princes Street, Mo–Sa 9 bis 17 Uhr*

Shaping a Nation [O] Insider Tipp
Hier wird interaktiv Erfindergeist und Schaffensdrang der Schotten nahe gebracht. *Fountainpark, Dundee Street, Mo–Do 12–19, Fr/Sa 12–21, So 14–21 Uhr*

ESSEN & TRINKEN

Beehive Inn [U C4]
Im 1. Stock einer Poststation des 16. Jhs. ein rustikales Restaurant mit exzellenter Küche. *18–20 Grassmarket, Tel. 0131/225 71 71, €€*

The Dome [U C2]
Eine alte Bank wurde zur Edel-Brasserie umgebaut. Unter der 15 m hohen Kuppel wird man gepflegt bedient. Treffpunkt am Abend ist die Cocktailbar *Frazer's. 14 George Street, Tel. 0131/624 86 24, €€*

Dubh Prais [U E3]
Schottische Küche von ihrer besten Seite, schlichter Rahmen. *123 B High Street, Tel. 0131/557 57 32, €€*

Stilvoll präsentiert die National Gallery ihre kostbaren Kunstwerke

The Witchery **[U C4]**
Feinschmeckertempel mit viel Atmosphäre; exzellente Weinkarte. *Castlehill, Royal Mile, Tel. 0131/ 225 56 13, €€€ (mittags €€)*

EINKAUFEN

Die Princes Street **[U A–D 3–2]** ist Haupteinkaufsstraße mit Geschäften und dem Kaufhaus *Jenners.* Am oberen Ende, beim Waverley-Bahnhof, entstand das unterirdische *Shoppingcenter Waverley* **[U D3]** mit rund 80 Läden und Restaurants. In der parallel zur Princes Street verlaufenden *Rose Street* **[U A–C 3–2]** liegen viele kleine Geschäfte. Typisch Schottisches, von Kunsthandwerk bis Antiquitäten, ist auf die *Royal Mile* **[U C–E3]** und die Straßen um *Grassmarket* **[U C4]** konzentriert. Im Insider Tipp neuen *McArthur Glen Designer Outlet* in Livingston am westlichen Stadtrand **[114 C2]** locken über hundert Boutiquen mit Designerartikeln zum Discountpreis.

ÜBERNACHTEN

Adria Hotel **[O]**
Freundliches Familienhotel in ruhiger Lage; geräumige Zimmer. *23 Zi., 11–12 Royal Terrace, Tel. 0131/ 556 78 75, Fax 558 77 82, www. adriahotel.co.uk, €€*

Ardmor Guesthouse **[O]**
Empfiehlt sich mit herzlichem Empfang, ruhiger, zentraler Lage und günstigen Preisen. *5 Zi., 74 Piltrig Street, Tel. 0131/554 49 44, €*

Insider Tipp **Belford Hostel** **[O]**
In der umgebauten Kirche aus dem 19. Jh. fehlt es nicht an modernstem Komfort; zur Wahl stehen Betten in Schlafsälen, Familien- und Doppelzimmern. *23 Zi., 6–8 Douglas Gardens, Tel. 0131/235 62 09, www.hoppo.com, €*

Osbourne Hotel **[U D1]**
Mitten im Zentrum gelegen, gepflegt und gemütlich. *50 Zi., 51–59 York Place, Tel. 0131/ 556 55 77, Fax 556 10 12, €€*

FREIZEIT & SPORT

Port Edgar Sailing School
In Schottlands größtem Wassersportzentrum sind Wasserratten in ihrem Element, ob mit Katamaran, Segelkreuzer, Kanu oder Powerboat. Bootsverleih und Unterricht. *Shore Road, South Queensferry, Tel. 0131/331 33 30*

AM ABEND

Die Festspielstadt läßt auch außerhalb der Saison ihre Gäste abends nicht im Stich. Im *King James Hotel,* im *Scandic Crown Hotel* und im *Carlton Highland Hotel* finden von April bis Okt. täglich schottische Abende mit Bankett statt. Nachtclubs und Diskos wie *Au Bar, 101 Shandwick Place* **[U A3]**, *GAIA, King Stables Road* **[U B4]** oder *The Tunnel, 16 Forrest Road* **[U D4]**, haben bis 3 oder 4 Uhr morgens geöffnet. Es gibt eine Reihe guter Bühnen wie *Kings Theatre, Leven Street* **[U B6]**, *Playhouse Theatre, Grenside Place* **[U E1]**, *Traverse Theatre, Cambridge Street* **[U A–B4]** und *St. Bride's Centre.* Auf eine abendliche »Gruseltour« entlang der Royal Mile geht's mit kostümiertem Führer: *The Cadies-Witchery Tours (352 Castle Hill, Royal Mile, Tel. 0131/225 67 45)*

AUSKUNFT

Tourist Information Centre
Auch Infos zu den Festivals. *Waverley Market, 3 Princes Street, Tel. 0131/473 38 00, Fax 473 38 81, www.edinburgh.org*

ZIELE IN DER UMGEBUNG

Abbotsford House **[115 D4]**
★ *Scott's Country* heißt das grüne Hügelland mit dem River Tweed südlich von Edinburgh. Hier baute der Begründer des historischen Romans, Sir Walter Scott (1771–1832), 1817 bis 1825 sein schlossartiges Retiro *Abbotsford House*, in dem er die meisten seiner 40 Romane schrieb. Das Arbeitszimmer, die Bibliothek und der Rittersaal – alles blieb unverändert erhalten, einschließlich der großen Sammlung von Relikten historischer Berühmtheiten. *Ende März–Okt. tgl. 10–17 Uhr.* 55 km südlich von Edinburgh

Culross **[114 B–C1]**
Authentisch bewahrtes Städtchen am Firth of Forth mit Häusern aus dem 16./17. Jh. Im Rathaus ist das *Visitor Centre* untergebracht. Zu besichtigen sind u. a. das Kaufmannshaus »The Study«, das Bürgerhaus »The Palace« *(Ostern bis Sept. tgl. 12–17 Uhr)* und eine Abtei. 30 km nordwestlich von Edinburgh

Dryburgh Abbey **[115 E4]**
Am Tweed gelegene Abteiruine der Prämonstratenser von 1150. Grab von Sir Walter Scott. *Im Sommer tgl. 9.30–18.30, sonst Mo–Sa 9.30 bis 16.30, So 14–16.30 Uhr.* 63 km südlich von Edinburgh

Hopetoun House **[114 C1]**
Das Barockschloss mit Flügelpavillons und Kolonnaden wurde von 1699 bis 1703 vom 1. Earl of Hopetoun erbaut. Mit Park und Landschaft bildet es eine beeindruckende Einheit. Prächtig ausgestattet. *Ostern–Okt. tgl. 10–17.30 Uhr.* 19 km westlich von Edinburgh

Kelso **[115 E4]**
★ Eines der schönen Städtchen (5400 Ew.) im Grenzland, malerisch am Zusammenfluss von Teviot und Tweed gelegen. Die Ruine *Kelso Abbey* zeigt, dass dies das größte Kloster der Borders war. Es wurde 1128 von Augustinern erbaut, die König David I. ins Land geholt hatte. *Floors Castle*, der von William Adam 1727 entworfene Prachtbau, ist das größte bewohnte Schloss Schottlands. Kostbare Innenausstattung, Gärten, Abenteuerspielplatz. *Mitte Mai–Okt. tgl. 10–16.30 Uhr, www.roxburgh.bordernet.co.uk.* 60 km südöstlich von Edinburgh

Linlithgow Palace **[114 C1]**
Die Residenz aller Stuartkönige, erbaut 1425, und Geburtsort von Maria Stuart steht gut erhalten in einem Park im Städtchen Linlithgow am gleichnamigen See. *Mo–Sa 9.30 bis 18.30, So 14–16.30 Uhr.* 25 km westlich von Edinburgh

Melrose Abbey **[115 D4]**
★ Stattliche Ruine eines im 12. Jh. gegründeten, schön im Tal des Tweed gelegenen Zisterzienserklosters. Es gehörte zu den großen, die Grenze zu England schützenden Abteien. *Tgl. 9.30–18.30, Nebensaison Mo–Sa 9.30–16.30, So 14 bis 16.30 Uhr.* 55 km südöstlich von Edinburgh

Spätgotische Säulenpracht in der Rosslyn Chapel

North Berwick **[115 E2]**
Vor dem hübschen, kleinen Ferienort (Golf, Wassersport) liegt das Felseneiland *Bass Rock.* Hier nisten zahllose Seevögel. Fahrten um die Insel starten vom Hafen aus, *Auskunft im Touristenbüro.* Nahebei befindet sich *Tantallon Castle (Mo bis Sa 9.30–18.30, So 14–18.30 Uhr).* Die prächtige, auf hoher Felsklippe am Meer gelegene Ruine geht auf eine große Burg des Clans Douglas aus dem 14. Jh. zurück. 50 km östlich von Edinburgh

Rosslyn Chapel **[115 D2–3]**
Die Kapelle in Roslin aus dem 15. Jh. gilt wegen der großartigen Steinarbeiten (u. a. der reich geschmückte Prentice Pillar) als eine der schönsten Kirchen in Schottland. *April–Okt. Mo–Sa 10–17, So 12–16.45 Uhr.* 11 km südwestlich von Edinburgh

Thirlestan Castle **[115 D3]**
An der A 68 liegt das Castle bei Lauder am Wege. Es wird seit 400 Jahren von der Familie Maitland bewohnt. Prächtig dekorierte Säle, große Spielzeugsammlung Das *Border Country Life Museum* informiert über die Geschichte des Grenzlands. *April–Okt. tgl. außer Sa 10.30–17 Uhr, www.thirlestancastle.co.uk.* 25 km südöstlich von Edinburgh

GLASGOW

[113 F1] Die größte Stadt Schottlands (609 000 Ew.) erlebt eine Renaissance, die ihr viel von ihrer einstigen Bedeutung und Schönheit zurückgibt. Die frühere Metropole des Schiffbaus und der Ingenieurkunst war 1990 Kulturstadt Europas und ist seit 1999 »UK City of Architecture and Design«, mit hinreißend gestylten Projekten wie *The Lighthouse* oder dem *Science Centre* mit 100 m hohem Drehturm. Die Restaurierung der viktorianischen Prachtbauten ist noch nicht abgeschlossen, aber Glasgow hat den Verfall und den Bevölkerungsschwund in den Griff bekommen. Die Einwohner sind humorvoll und kosmopolitisch, während die Edinburgher als vornehm zurückhaltend gelten. Handel mit der Welt hat die Mentalität der Glasgower geformt. Heute setzt man auf das Image einer Kongress- und Ausstellungsstadt für Europa.

SEHENSWERTES

City Chambers (Rathaus)

Imposantes Zentrum der City mit ihren stattlichen öffentlichen Gebäuden aus der viktorianischen Zeit ist der *George Square.* Hier steht das prächtige Rathaus von 1888 im Stil der italienischen Renaissance mit Loggia, Marmortreppe, Mosaikfußboden und großem Bankettsaal. *Führungen Mo–Fr 9–16.30 Uhr*

Clyde Auditorium

Das von dem Stararchitekten Sir Norman Foster entworfene kühne Clyde Auditorium ist das neue Wahrzeichen von Glasgow, das von den Einwohnern wegen seiner Form »Armadillo«, Gürteltier, genannt wird. *Stobcross Quay, neben Scottish Exhibition & Conference Centre, www.secc.co.uk*

Clydebuilt

Das *Scottish Maritime Museum* wurde zu einem topaktuellen Zentrum für Veranstaltungen und Ausstellungen. Die schwimmenden Attraktionen beleuchten Glasgows Vergangenheit vom Tabakhandel bis zum Schiffbau am Clyde. *Braehead, King's Inch Road, Mo–Do, Sa 10–18 , So 11–17 Uhr*

Glasgow Cathedral

Die gotische Kathedrale aus dem 12. Jh. geht auf eine Gründung des heiligen Mungo, Schutzpatron Glasgows, aus dem Jahr 543 zurück. Sein Grab liegt unter den säulengetragenen Gewölben der Krypta *(Lower Church)*, dem architektonisch bedeutendsten Teil der Kathedrale. Wegen der Hanglage wurde die Kathedrale in zwei Ebenen gebaut. *Mo–Fr 9.30–18, So 13–17 Uhr*

Glasgow School of Art

Das bedeutende Bauwerk des berühmten, in Glasgow geborenen Architekten Charles Rennie Mackintosh wurde 1896 als Kunstschule errichtet. Was man nicht versäumen sollte: Ende Juni ist für eine Woche Tag der offenen Tür, *tgl. 9.30–20 Uhr. 167 Renfrew Street, Führungen Mo–Fr 11–17, Sa 10 bis 13 Uhr, www.gsa.ac.uk*

Glasgow Science Centre

Insider Tipp

Am Südufer des River Clyde liegt das neue, im Frühjahr 2001 eröffnete Zentrum der Naturwissenschaften mit 127 m hohem Drehturm, Imax-Kino, Planetarium und Ausstellungen zu Glasgows Vergangenheit. *50 Pacific Quay, tgl. 10 bis 18 Uhr, www.gsc.org.uk*

House for an Art Lover

Das »Haus des Kunstfreundes« wurde nach Entwürfen von Charles Rennie Mackintosh gebaut. Es beherbergt Räume mit Möbeln des Jugendstilarchitekten, Designshop, Café und wechselnde Ausstellungen. *Bellahouston Park, www.houseforanartlover.co.uk, April–Sept. So bis Do 10–16, Sa 10–13 Uhr*

The Lighthouse

Insider Tipp

Das erste von Mackintosh entworfene Gebäude mit den ehemaligen Büros des »Glasgow Herald« wurde 1999 umgestaltet. Es ist heute Sitz des *Scotland Centre for Architecture, Design and the City* mit einem permanenten Informationszentrum zu Charles Rennie Mackintosh, Ausstellungsräumen, Aussichtsplattform sowie Café. *11 Mitchell Lane, Mo, Mi, Fr, Sa 10.30–17, Do 11 bis 17, So 12–17 Uhr, www.thelighthouse.co.uk*

Mitchell Library
1874 von dem reichen Tabakhändler Stephen Mitchell gestiftet, ist die Bücherei mit über einer Million Bänden eine der größten Europas. Sie beinhaltet bedeutende Sammlungen der Werke von Robert Burns und schottischer Dichtung sowie Musik. *North Street, Mo–Do 9–20, Fr und Sa 9–17 Uhr*

Insider Tipp **Necropolis**
Auf dem Hügel östlich der Glasgower Kathedrale stehen dicht an dicht die repräsentativen Grabmonumente verdienter Glasgower Bürger aus der Gründerzeit der Stadt: Mausoleen, Obelisken, urnengeschmückte Säulen.

Scotland Street School Museum
Mackintoshs letzte Arbeit in Glasgow (1903–06), ein Meisterwerk mit bleigefassten Glastürmen und gefliester Halle. *22 Scotland Street, Mo–Do 10–17, Fr, So 11–17 Uhr*

West End
Ein städtebaulicher Höhepunkt des 19. Jhs. ist die *Park Conservation Area* mit den kreisförmig auf einer Anhöhe gebauten Häuserreihen oberhalb von Kelvingrove Park: Park Circus, Woodlands Terrace und Terrace Park. Im West End liegen die Universität und nördlich die *Botanic Gardens (tgl. 7 Uhr bis Sonnenuntergang)* mit weltberühmter Orchideensammlung sowie *Kibble Palace (tgl. 10–16.45 Uhr)* mit großer Kollektion von Farnen.

The Willow Tea Rooms
In der berühmten Teestube, die bis ins Detail vom Jugendstilarchitekten Charles Rennie Mackintosh entworfen wurde, kann man stilvoll seinen Afternoon tea einnehmen. *217 Sauchiehall Street, Mo–Sa 9.30–16.30, So 12–16.30 Uhr*

MUSEEN

Art Gallery & Museum Kelvingrove
In dem monumentalen Bau von 1902 sind bedeutende Kunst- und Gemäldesammlungen aus Europa sowie eine hervorragende archäologische Sammlung vereint. *Kelvingrove, Argyle Street, Mo–Do, Sa 10–17, Fr, So 11–17 Uhr*

Burrell Collection
Museumsbau (1983) und Kunstwerke verschmelzen zu einem einzigartigen Ensemble. Dazu die Lage: mitten im weitläufigen Pollok Country Park vor den Toren der Stadt. Allein diese Kollektion von Antiquitäten aus aller Welt, Stiftung des Reeders William Burrell (1861–1958), lohnt den Besuch von Glasgow! *2060 Tollokshaws Road, Mo–Do, Sa 10–17, Fr, So 11–17 Uhr*

Gallery of Modern Art
Die Kunstgalerie auf vier Etagen beherbergt die Städtische Sammlung zeitgenössischer Künstler aus aller Welt. *Queen Street, Mo–Do, Sa 10 bis 17, Fr, So 11–17 Uhr*

Hunterian Art Gallery
Die Kunstsammlung auf dem Universitätsgelände besitzt unter anderem Werke von James Abbot Whistler und das in das Museum eingebaute Haus von Charles Rennie Mackintosh mit erlesenen Jugendstilinterieurs. *University, Hillhead Street: Mo–Sa 9.30–17 Uhr; Mackintosh House: tgl. 9.30–12.30, 13.30–17 Uhr*

Die Winter Gardens beim People's Palace im Glasgow Green

People's Palace

Im ersten, bereits 1662 angelegten Park, dem weitläufigen *Glasgow Green* südöstlich der City am Clyde, liegt dieses Museum (»Volkspalast«), das einen spannenden Einblick in die Stadtgeschichte gibt. Danach verlocken die prächtig verglasten *Winter Gardens* mit einer Cafeteria zu einer Rast. *Mo–Do, Sa 10–17, Fr, So 11–17 Uhr, www.glasgow.gov.uk/cls*

Pollok House

Beispiel eines noblen, mit Gemälden gefüllten herrschaftlichen Landsitzes im Pollok Country Park. *Tgl. 10–17 Uhr*

ESSEN & TRINKEN

Cul de Sac Westend

Crêperie, Pub und Lunchrestaurant unter einem Dach. Sympathisch, preiswert und gepflegt. *44 Ashton Lane, Tel. 0141/334 47 49, €*

The Pot Still

Die Auswahl an Bier und Whisky ist immens; traditionell schottisch ist auch die Küche. *154 Hope Street, Tel. 0141/333 09 80, €*

Rogano

Berühmtes Jugendstilrestaurant von 1876, erstklassige Küche, Spezialität Fisch. *11 Exchange Place, Tel. 0141/248 40 55, €€–€€€*

The Ubiquitous Chip

Ob im überdachten Innenhof oder drinnen – hier bekommt man schottische Gerichte nach Originalrezepten. Die Weinkarte hält ebenfalls hohes Niveau. Das Bistro im 1. Stock ist nicht so teuer und sehr beliebt. *12 Ashton Lane (West End), Tel. 0141/334 50 07, €€*

Insider Tipp

EINKAUFEN

Einkaufsparadies ist die Fußgängerstraße *Buchanan Street* in der City mit den *Buchanan Galleries* und dem historische Bauten einbeziehenden Einkaufszentrum *Princes Square (Nr. 48)*. Südlich, jenseits der Argyll Street, wetteifert damit das gigantische *St. Enoch Square Shopping Centre* unter Europas größtem Glasdach. *Sa/So 9–17 Uhr* Straßenmarkt, *The Barras Enterprise Trust Unit 1, 54 Calton Entry.* Attraktiv ist auch das neue *Italian Centre* mit Geschäften italienischer Modedesigner und Bistros in einem neu gestylten Gebäude der Merchant City *(71/73 Albion Street).*

ÜBERNACHTEN

Arthouse Hotel
Feine Adresse in Glasgows historischem Zentrum, klassisch-modern, mit jedem Komfort. *20 Juniorsuiten, 129 Bath Street, Tel. 0141/ 221 67 89, Fax 221 67 77, www.arthousehotel.com,* €€€

Insider Tipp **Devonshire Hotel**
Charmantes Interieur, mit jedem Komfort, dazu allerbeste Lage im West End. *16 Zi., 5 Devonshire Gardens, Tel. 0141/339 78 78, Fax 339 39 80, www.the-devonshire.co.uk,* €€

The Old Schoolhouse
Gepflegtes und komfortables Haus nahe dem Zentrum, schöne Zimmer, Garten. *17 Zi., 194 Renfrew Street, Tel. 0141/332 76 00, Fax 332 86 84, www.hotelsglasgow.com,* €€

FREIZEIT & SPORT

The Time Capsule
Freizeitanlage in der City, mit Pool, Wasserrutsche und Animationen. *100 Buchanan Street, Tel. 01475/ 79 79 79, tgl. 10–21 Uhr*

The Waterfront Leisure Complex
Modernes Freizeitzentrum, Kinder- und Freizeitbecken mit Wellenmaschine und Rutsche, Eislaufbahn, Fitnessstudio. *Custom House Way, Greenock, Tel. 01236/44 95 72, tgl. 10–21 Uhr*

AM ABEND

Kinos, ein Dutzend Theater, namhafte Orchester und jährlich stattfindende große Kulturwochen machen Glasgow zu einem beliebten Ziel für Musenfreunde aus aller Welt. Bedeutende, populäre Bühnen mit einem breiten Repertoire sind u. a. *The Citizens' Theatre (119 Gorbals Street),* das prächtige *King's Theatre (294 Bath Street)* und die *Royal Scottish Academy of Music and Drama (100 Renfrew Street).*

Insider Tipp **The Arches**
Die Nummer eins unter Glasgows Diskos. Unter den gewaltigen Ziegelgewölben geben die besten DJs Gastspiele *(Fr/Sa). 3 Midland Street oder 253 Argyle Street, Tel. 0141/565 10 05*

King Tut's Wah Wah Hut
Die Topadresse unter den Szeneläden. Ab 22 Uhr gibt's Rockkonzerte live. *272 A St. Vincent Street, Tel. 0141/221 52 79*

AUSKUNFT

Tourist Information Centre
11 George Square, Glasgow G2 1 DY, Tel. 0141/204 44 00, Fax 221 35 24, www.seeglasgow.com

ZIELE IN DER UMGEBUNG

Alloway [113 E3]

★ Das winzige Städtchen, das mit dem größeren *Ayr* fast zusammengewachsen ist, ist der Wallfahrtsort der Verehrer von Robert Burns. Im *Burns National Heritage Park* steht die Hütte, in der Schottlands Nationaldichter im Jahr 1759 geboren wurde: *Burns Cottage and Museum, tgl. 9–18 Uhr.* Dazu gehören auch das *Tam o'Shanter Experience, tgl. 10–20 Uhr,* in Alloway, wo das Leben und die Zeit des Dichters audiovisuell präsentiert werden, sowie *Auld Brig o'Doon* und *Alloway Kirk.* Reizvoll ist auch eine Fahrt auf dem *Burns Heritage Trail,* der von Ayr durch Galloway nach Dumfries führt. 50 km südwestlich von Glasgow

Porträt des Dichters im Burns Cottage

Arran [112/113 C–D 1–2]

★ Von Ardrossan am Firth of Clyde legt die Fähre zu der 427 km^2 großen Insel ab. Kommt man von Norden, nimmt man die Fähre von Claonaig auf der Halbinsel Kintyre nach Lochranza. Arran hat viele Vorzüge: Es ist nicht überlaufen, Insider Tipp ideal für Bergtouren und mit seiner abwechslungsreichen Natur ein »Schottland en miniature«. Unterkunft in netten Familienpensionen und kleinen Hotels. 65 km westlich von Glasgow

Chatelherault Country Park [114 A2]

Das prächtige Jagdschloss der Dukes of Hamilton wurde 1732 von William Adam erbaut. Es liegt in einem schönen Park mit ausgezeichnetem Visitor Centre. *Tgl. 10.30–16.30 Uhr.* 25 km südöstlich von Glasgow

Culzean Castle and Country Park [113 D3]

Das grandiose Schloss *(April–Okt. tgl. 10.30–17.30 Uhr)* wurde Ende des 18. Jhs. von Robert Adam im klassizistischen Stil gebaut. Er entwarf auch die Inneneinrichtung und die Wirtschaftsgebäude (Ausstellung); prächtiger Park *(tgl. 9 Uhr bis Sonnenuntergang)* mit Teichen und Vogelhaus. 25 km südwestlich von Glasgow

New Lanark [114 B3]

★ Das im oberen Clyde-Tal gelegene Dorf ist die Wiege sozialer Reformen, die der Industrielle Robert Owen (1771–1858) für seine Arbeiter einleitete: u. a. Kindergarten, Lehrstätten, Kantine, Schule. Die Spinnerei und die Arbeiter-Wohnhäuser sind heute Visitor Centre. *Tgl. 11–17 Uhr, www.newlanark.org.* 53 km südöstlich von Glasgow

Die Highlands

Das Herz Schottlands schlägt im Norden, der Urheimat des »Lebenswassers«

Hier ist das widerstandsfähige, zottelige Hochlandrind zu Hause

Nur eine Autostunde nördlich von Edinburgh und Glasgow beginnt das eigentliche Hochland. Wichtigste Eingangspforte ist auch heute noch die Stadt Stirling mit ihrem beherrschend auf steilem Fels gelegenen Castle. In alten Zeiten war hier am River Forth der einzige Übergang vom Tiefland ins Hochland, dessen sanft gerundete Höhenzüge *(bens)* von den Grampian Mountains gebildet werden. Glen Garry als westlicher und Glen Shee als nördlicher Zugang sind die wichtigsten Reisewege ins Herz des zentralen Hochlandes. Endloser Horizont, Höhenzüge im Rostbraun der Moore und Heideflächen, im August violett leuchtende Meere, stahlblau in der Sonne schimmernde Lochs, die bei bedecktem Himmel schwärzlich glänzen – das sind die beherrschenden Impressionen.

Nördlich des 670 m hohen Cairnwell-Passes, des höchsten Straßenpasses Großbritanniens, und der Serpentinen von Devil's Elbow kommt man ins Glen Clunie, und plötzlich verwandelt sich das unwirtliche Hochland in ein Idyll: Unten liegt das Tal des ostwärts ziehenden River Dee. Das Tal wird wegen Balmoral Castle, des Feriensitzes der königlichen Familie bei Braemar, auch *Royal Deeside* genannt. Ballater und Banchory sind weitere Ferienorte im Tal, dem man bis zur Küste folgen kann, wo Aberdeen, die drittgrößte Stadt Schottlands, sich an der Mündung *(aber)* des Dee ausbreitet. Die Stadt lohnt einen Besuch, vor allem aber machen die Burgen ringsum diese Region zu einem interessanten Ausflugsziel: unter anderem Castle Fraser, Crathes and Craigievar Castle.

Im Hochland stößt man oft unverhofft auf die Ruinen einer alten Burg oder Festung

Der andere Weg, durch Glen Garry, führt über Pitlochry und Blair Castle ins Strath Spey, das Tal des River Spey. Aviemore (mit einem »Ferienland« nach amerikanischem Vorbild) und die Cairngorm Mountains als wichtigstes Skigebiet Großbritanniens sind die touristischen Brennpunkte der Region – für Freunde der Einsamkeit sicher keine Traumziele. Dafür gibt's hier zwei andere Attraktionen: das

Eines der größten Fischereizentren Großbritanniens: Hafen von Aberdeen

Highland Folk Museum in Kingussie und den Highland Wildlife Park. Außerdem bietet die Gegend viele Möglichkeiten zum Bergwandern. Zum zentralen Hochland gehören auch die Orte um Dufftown im »Königreich des Malzwhiskys«, deren Brennereien berühmte Whiskys produzieren und eine Besichtigung lohnen. Im Nordwesten des zentralen Hochlandes liegen Inverness, »Capital of the Highlands«, das Schlachtfeld von Culloden und Loch Ness.

ABERDEEN

[125 E6] Die graue Stadt am Meer – oder »Granite City« (210 000 Ew.) – hat ihren Namen von dem heimischen Granit, aus dem die Häuser gebaut sind. Trotzdem macht Aberdeen keinen bedrückenden Eindruck – im Gegenteil: Schottlands drittgrößte Stadt ist ein lebendiges Zentrum der Fischerei, des Schiffs- und Maschinenbaus, der Chemieindustrie und vor allem des Nordseeöls an der Ostküste. Aberdeen hat sich seinen soliden Charakter bewahrt; die Aberdonians ähneln in ihrer offenen, freundlichen Art den Einwohnern Glasgows. Auch wenn die Ostküste es in puncto Schönheit nicht mit der Westküste Schottlands aufnehmen kann und die sehenswerten Orte und landschaftlichen Höhepunkte landeinwärts zu finden sind, lohnt der Besuch von Aberdeen.

SEHENSWERTES

Duthie Park, Winter Gardens
Im Park mit der größten überdachten Gartenanlage Europas blühen und wuchern exotische Blu-

men und Pflanzen, überall zwitschern Vögel, und im japanischen Wassergarten plätschert es beruhigend. Berühmt ist auch der große Rosenhügel. *Polmuir Road/Riverside Drive, tgl. 10 Uhr bis Sonnenuntergang*

Fishmarket
Hunderte Tonnen Fisch werden täglich in einem der größten Fischereihäfen der Insel angelandet und verkauft. *Bei Market Street, Mo–Fr, beste Zeit 7–8 Uhr*

Marischal College
Gegründet 1593, mit neugotischer Fassade vom Beginn des 20. Jhs., ist das Universitätsgebäude der zweitgrößte Granitbau Europas nach dem Escorial bei Madrid. Anthropologisches Museum. *Broad Street, Mo–Fr 10–17, So 14–17 Uhr*

Mercat Cross
Großes Marktkreuz von 1686 mit den Figuren schottischer Könige, *auf dem Platz Castle Gate.*

Old Aberdeen Insider Tipp
Nördlich der modernen Stadt gelegenes Idyll mit *St. Machar's Cathedral* von 1131, *St. Andrew's Cathedral* von 1784, der *King's College Chapel* mit Resten der alten Universität. Studentenviertel mit vielen Pubs.

MUSEEN

Aberdeen Maritime Museum
Alle Aspekte der Seefahrt einschließlich des Nordseeöls werden in dem ausgezeichnet gestalteten Museum im Provost Ross's House dargestellt. *Shiprow, Mo–Sa 10 bis 17, So 12–17 Uhr*

MARCO POLO Highlights »Zentrales Hochland«

★ **Blair Castle**
Reiche Sammlungen birgt der Sitz der Dukes of Atholl (Seite 55)

★ **Culloden Moor**
Das Schlachtfeld erinnert an den Untergang der Clans (Seite 51)

★ **Glamis Castle**
Eng verbunden mit der Geschichte des Königshauses (Seite 56)

★ **Glen Affric**
Schön und einsam gelegenes Tal (Seite 50)

★ **Highland Wildlife Park**
Auf rund 100 ha Hochland sieht man Tiere, die einst Schottland bevölkerten (Seite 51)

★ **Leith Hall**
Das Herrenhaus hat besonders schöne Gärten (Seite 48)

★ **Stirling Castle**
Ein Fokus schottischer Geschichte: der Burgberg und das wehrhafte Castle, wo die Stuarts residierten (Seite 53)

Art Gallery
Lebendiges Kunstzentrum mit Gemäldesammlungen vom 18. Jh. bis heute, wechselnden Ausstellungen und Musik-, Tanz-, Literaturveranstaltungen. *Schoolhill, Mo–Sa 10 bis 17, So 14–17 Uhr*

Provost Skene's House
Im Bürgermeisterhaus aus dem 16. Jh., eingerichtet im Stil der Zeit, befindet sich das städtische Museum. *Broad Street, Mo–Sa 10–17, So 13 bis 16 Uhr*

ESSEN & TRINKEN

Ashvale
Ausgezeichnet als bestes Fish & Chips-Restaurant Großbritanniens. *42–48 Great Western Road, Tel. 01224/59 69 81, €–€€*

Silver Darling
Das beste Fischrestaurant der Stadt mit schönem Blick auf die Hafeneinfahrt. *North Pier, Pocra Quay, Tel. 01224/57 62 29, €€*

EINKAUFEN

Geschäfte aller Art, Spezialläden für Schottisches und Kaufhäuser in der *Union Street.* Nur 5 km außerhalb Insider Tipp (A 96) liegt *Grandholm Mills, Woodside*, Schottlands größte Wollfabrik mit erstklassigem Mill Shop.

ÜBERNACHTEN

Aberdeen Patio Hotel
Das erste Haus am Platz ist natürlich auch das luxuriöseste. Zwei Restaurants, Bar, Fitnesseinrichtungen. *124 Zi., Beach Boulevard, Tel. 01224/63 33 39, Fax 63 88 33, www.patiohotels.com, €€€*

Brentwood Hotel
Komfortabel und sehr zentra gelegen; besonders günstige Wochenendpreise. *65 Zi., 101 Crown Street, Tel. 01224/59 54 40, Fax 57 15 93, www.brentwood-hotel.co.uk, €–€€*

Dunavon House Hotel
Komfortables Familienhotel in schöner Lage, freundlicher Service. *18 Zi., 60 Victoria Street, Dyce, Tel. 01224/72 24 83, Fax 77 27 21, www.dunavon-hotel.com, €€–€€€*

FREIZEIT & SPORT

Beach Leisure Centre
Aberdeen hat 3 km Sandstrand zu bieten: mit Bars, Restaurants, Kinderspielplatz und überdachten Sporteinrichtungen wie einem großen Schwimmbad und einer Eislaufbahn im Leisure Centre. *Beach Promenade*

AUSKUNFT

Tourist Information Centre
Albyn Place, Tel. 01224/28 88 28, Fax 58 13 67, www.agtb.org

ZIELE IN DER UMGEBUNG

Balmoral Castle [124 B6]
Königin Victoria verlor 1848 ihr Herz ans schottische Hochland, ihr Gemahl Prinz Albert kaufte 1852 das alte Schloss Balmoral und ließ einen Neubau von William Smith im typischen Baronial Style errichten. 1855 zog die königliche Familie ein. Seitdem ist Balmoral Castle Feriensitz der britischen Royals. *Park und Ballsaal April–Juli Mo–Sa 10–17 Uhr.* 80 km westlich von Aberdeen

Banff **[125 D3]**
In der alten Küstenstadt mit ihren sorgfältig restaurierten Häusern ist das elegante *Duff House* (1735–37) von William Adam besonders sehenswert. *April–Okt. tgl. 11–17 Uhr.* 78 km nördlich von Aberdeen

Braemar **[124 B6]**
Ferienort im Dee-Tal, bekannt wegen des Royal Highland Gathering im September, an dem Mitglieder der Royal Family teilnehmen (als Zuschauer). Das romantische *Braemar Castle* wurde nach einem Brand 1748 wieder aufgebaut. *Ostern–Okt. tgl. außer Fr 10–18 Uhr.* 95 km westlich von Aberdeen

Insider Tipp
Castle Fraser **[125 D5–6]**
Großes und imposantes Castle (1575–1636) aus der Zeit des Tower-House-Typs. Eindrucksvolle *Great Hall. Juli/Aug. tgl. 11–17.30, sonst 13.30–16.45 Uhr.* 25 km nordwestlich von Aberdeen

Craigievar Castle **[124 C6]**
Märchenhaftes Schloss, dessen schlanker Wohnturm 1626 im Baronial Style vollendet wurde. Bauherr »Willie the Merchant« (William Forbes). *Mai–Sept. Mo–Do 13.30–17.30 Uhr.* 55 km nordöstlich von Aberdeen

Crathes Castle **[125 D6]**
Beispielhaft für den Typ des Tower House (1533–1660). Im Innern schöne bemalte Eichendecken (1599) und Mobiliar *(April–Okt. tgl. 11–16.45 Uhr)*. Außergewöhnlich auch die Anlage der Gärten. 24 km westlich von Aberdeen Insider Tipp

Dunnottar Castle **[119 F2]**
Eindrucksvolle Burgruine am Meer aus dem 14. Jh. nahe dem Fischerdorf Stonehaven. Im Castle wurden die schottischen Regalien verwahrt. Als die Burg 1652 von Cromwell belagert wurde, gelang es der Frau des Priesters, sie herauszubringen. *April–Okt. Mo–Sa 9–18, So 14–17 Uhr.* 30 km südlich von Aberdeen

Huntly Castle **[125 D4]**
Die imposante Ruine war Sitz des bis ins 17. Jh. mächtigen Gordon Clans. *April–Sept. Mo–Sa 9.30 bis*

Showtime: Royal Highland Gathering bei Braemar

18.30, So 14–18 Uhr, Nebensaison Do-nachm. und Fr geschl. 63 km nordwestlich von Aberdeen

Leith Hall **[124 C5]**
★ Inmitten eines riesigen Parks mit Rindern und Schafen steht das ehemalige Herrenhaus der Familie Leith mit originellen Gärten. *Ende April–Sept. tgl. 13.30–17.30 Uhr.* 62 km nordwestlich von Aberdeen

Tomintoul **[124 B5]**
Höchstgelegenes Dorf im schottischen Hochland. Schöne Strecke über Ballater, weite Fernblicke. Nahebei das Skizentrum *The Lecht Tow.* 100 km nordwestlich von Aberdeen

INVERNESS

[123 E3] Die Stadt (38 000 Ew.) liegt an der Nahtstelle zwischen zentralem und nördlichem Hochland. Das macht sie zur *Capital of the Highlands* und Drehscheibe des Hochlandtourismus und zum geschäftigen Zentrum der Region. Hübsch sind die häusergesäumten Uferpartien von Ness Walk und Ness Bank am Fluss, über denen sich die Kathedrale erhebt. Hier liegen gepflegte kleine Pensionen. Abgesehen davon, dass Inverness vor der Fahrt in den dünn besiedelten Norden die letzte Möglichkeit ist, in einer Stadt einzukaufen, sind viele attraktive Ziele in Halbtages- und Tagesausflügen zu erreichen.

SEHENSWERTES

Flora MacDonald's Monument
Das Denkmal der Retterin von Bonnie Prince Charles, die den Prinzen nach der Niederlage von Culloden vor der Gefangenschaft bewahrte, steht auf dem Castle Hill, der einen schönen Blick bietet. Das Schloss wurde 1834–46 auf den Grundmauern einer alten Burg erbaut (heute Behördensitz). *Castle Hill*

Scottish Kiltmaker Visitor Centre
Alles dreht sich hier um Kilt und Tartan, ihre Geschichte, Herstellung und heutige Bedeutung. Dazu gehört ein Werkstattbesuch. *Hector Russel House, 4–9 Huntly Street, Mai–Sept. Mo–Sa 9–21, So 10 bis 17, sonst Mo–Sa 10–17 Uhr*

St. Andrew's Cathedral
1866 im gotischen Stil erbaut. Polierte Pfeiler aus Peterhead-Granit. Das Taufbecken ist eine Kopie von Thorwaldsens Becken der Kathedrale von Kopenhagen. *Ness Walk, tgl. 9–21 Uhr*

MUSEUM

Inverness Museum and Art Gallery
Sammlung zu Leben und Kultur in den Highlands sowie Erinnerungen an die Jakobiten und Dudelsackmodelle. *Castle Wynd, Mo–Sa 9–17 Uhr*

ESSEN & TRINKEN

The Auld Hoose Scottish Restaurant
Lieben Sie's klein und intim? Dann sind Sie hier richtig. Gute Küche, nette Bedienung. *99 Castle Street, Tel. 01463/70 98 09,* €–€€

Girvans
Preisgünstige, gute Tellergerichte, Salate, Omeletts. Im Tearoom gibt's

leckeres Gebäck. *2–4 Stephen's Brae, Tel. 01463/71 19 00, €*

The Harlequin
Unten Bar, im Obergeschoss Restaurant (gute Fleisch- und Fischgerichte). *Ecke Castle Street/Culduthel Road, Tel. 01463/71 81 78, €€*

EINKAUFEN

Außer dem *Eastgate Shopping Centre* viele Geschäfte mit typisch schottischen Produkten wie Tweeds, Tartans und Strickwaren: *Scottish Sweater Store (9 Drummond Street), Duncan Chisholm and Sons Ltd (47–51 Castle Street)* oder am südlichen Stadtrand die Fabrik (mit Verkauf) von *James Pringle (Holm Wooden Mills).*

ÜBERNACHTEN

Brae Ness Hotel
Ruhig am River Ness gelegen. Angenehme Atmosphäre, gute Küche. *10 Zi., Ness Bank, Tel. 01463/ 71 22 66, Fax 23 17 32, €–€€*

Craigside Lodge
Mit Blick auf Stadt, Küste und River Ness; freundlich und komfortabel. *6 Zi., 4 Gordon Terrace, Tel. 01463/23 15 76, Fax 71 34 09, €*

Kingsmills Hotel
In schönen Gärten gelegenes Landhaus, moderner Komfort. *84 Zi., Culcabock Road, Tel. 01463/ 23 71 66, Fax 22 52 08, €€€*

Moyness House
Familiär und sehr ruhig, mit schöner Einrichtung und einer guten Küche. *7 Zi., 6 Bruce Gardens, Tel./Fax 01463/23 38 36, €–€€*

AM ABEND

Eden Court Theatre
In dem modernen Glaspalast aus dem Jahr 1976 mit 800 Sitzen und einem Restaurant werden Theater- und Filmaufführungen, Konzerte und Ausstellungen veranstaltet. *Bishop's Road, Tel. 01463/23 42 34*

Folk Singing Club
Das Folklore-Spektakel gibt's jeden Sonntag um 20.30 Uhr im *Beaufort Hotel (Culduthel Road)* und jeden Samstag um 21.30 Uhr in der *Market Bar (Market Lane).*

Scottish Showtime
Montag bis Samstag ab 20.30 Uhr werden von Anfang Juni bis Anfang September im *Spectrum Centre Theatre (Farraline Park)* traditionelle Lieder, Tänze und Musik geboten.

FREIZEIT & SPORT

Aquadome & Sports Centre
Wasserspaß, Fitness, Entspannung in einer topmodernen Anlage. *Bught Park, Mo, Mi–Fr 13–20, Di 10–12, 13–20, Sa 11–20, So 9–18.30 Uhr*

AUSKUNFT

The Highland Discovery Centre
Castle Wynd, Tel. 01463/23 43 53, Fax 71 06 09, www.highlandfreedom.com

ZIELE IN DER UMGEBUNG

Aviemore **[123 E5]**
Der Ort im Speytal ist ein touristisches Zentrum – und das nicht nur zur Sommerzeit. 16 km östlich liegt in den ★ Cairngorm Mountains das größte Skigebiet Großbritan-

niens. Sessellifte führen auf 1097 m hinauf; oben herrlicher Rundblick (bei schönem Wetter!) und Snackbar. In Aviemore selbst entstand in den 60er-Jahren das *Aviemore Centre* mit *Santa Claus Land Craft Village (tgl. 10–17 Uhr)*, wo der Weihnachtsmann zu Hause ist und eine Kleintierfarm auf die Kinder wartet. Ein schöner Familienausflug ist

Insider Tipp

auch die Fahrt mit der Dampfeisenbahn *Strathspey Steam Railway* von Aviemore nach Boat of Garden *(8 km, im Sommer tgl. nachmittags bis zu fünf Fahrten)*. Sehenswert ist auch das *Cairngorm Reindeer Centre* 10 km östlich von Aviemore mit der einzigen frei weidenden Rentierherde der Britischen Inseln. *Centre tgl. 10–17, Touren zu den Rentieren Ostern–Okt. 11 und 14.30 Uhr.* 48 km südöstlich von Inverness

Beauly **[123 D3]**

Hübscher Ort am Beauly Firth mit den Resten einer Zisterzienserabtei aus dem Jahr 1230. Von Beauly führt ein Ausflug zum ★ *Glen Affric*, einem der schönsten Täler des Landes. Herrliches Wandergebiet mit Fluss, Wald, Lochs und Bergen. 22 km westlich von Inverness

Caledonian Canal **[122 B5]**

Verbindet die Lochs des Great Glen: Loch Lochy, Loch Oich und Loch Ness. Mit dem Boot kann man auf ihm, mit dem Auto an ihm entlang von Küste zu Küste zwischen Corpach bei Fort William und Clachnaharry bei Inverness fahren. Der nach Plänen von Thomas Telford gebaute und 1822 eröffnete Kanal ist einer der schönsten in ganz Europa und ein beliebtes Revier für Freizeitskipper.

Cawdor Castle **[123 F3]**

Das seit 600 Jahren von der Familie Cawdor bewohnte Castle mit zentralem Turm (1372) ist einer der Schauplätze, an dem die Tradition den Mord an König Duncan stattfinden lässt. Schöne Gartenanlagen. *Mai–Okt. tgl. 10–17.30 Uhr.* 34 km östlich von Inverness

Führt durch Great Glen, das »Große Tal«: der Caledonian Canal

Working Sheepdogs

Wenn schottische Hirtenhunde ihre Künste zeigen

Ein Erlebnis der besonderen Art ist ein *Sheepdogtrial* im Hochland: Mit Pfiffen dirigiert der Hirte seine Hunde, die Trüppchen von Schafen einkreisen und in die gewünschte Richtung treiben müssen. Die Hunde der *Leault Farm (Tel. 01540/65 13 10)* bei Kincraig nahe Aviemore sind wahre Champions, die schon etliche Meisterschaften gewonnen haben. Sie führen ihre Künste im Sommer mehrmals täglich begeisterten Touristen vor.

Culloden Moor **[123 E3]**
★ Auf dem Moor nahe Inverness wurde das Hochlandheer Prinz Charles Edward Stuarts 1746 von den englischen Truppen unter Führung des Herzogs von Cumberland vernichtend geschlagen. Damit war der Jakobitische Aufstand zur Unterstützung der Thronansprüche des Hauses Stuart endgültig gescheitert. Das Schlachtfeld ist Gedenkstätte, mit den Gräbern der Clans und einem großen Steindenkmal. Erhalten blieb *Old Leanach Cottage,* heute Teil des modernen Visitor Centre *(tgl. 9–18 Uhr).* 6 km östlich von Inverness

Dornoch **[123 F2]**
Romantisches Küstenstädtchen (900 Ew.), einst Hauptstadt von Sutherland, mit schönem Strand. Die Kathedrale (1220) ist heute Pfarrkirche. 2 km westlich liegt *Dornoch Lochans,* wo man in vier Teichen Forellen angeln sowie Krocket, Boule und Golf spielen kann. 70 km nördlich von Inverness

Elgin **[124 C3]**
Bedeutendste Sehenswürdigkeit der Stadt (19 000 Ew.) ist die Ruine der Kathedrale aus dem Jahr 1224. Prächtig immer noch die Westfassade und das gut erhaltene Kapitelhaus. *Mo–Sa 9.30–18, So 14–18 Uhr.* 63 km östlich von Inverness

Fort Augustus **[123 D4]**
In dem kleinen Ort sind die Schleusen des Caledonian Canal am Südausgang des Loch Ness und die 1876 auf den Ruinen eines Forts errichtete *Abbey* mit Ausstellung zur schottischen Geschichte *(tgl. 9–18 Uhr)* und *The Clansman Centre* bei der Drehbrücke *(tgl. 10–18 Uhr)* sehenswert. 59 km südwestlich von Inverness

Highland Folk Museum **[123 E5]**
Nicht nur Castles und Clans bestimmten die schottische Geschichte, auch das »einfache« Volk. In diesem Freilichtmuseum geht's deshalb ausnahmsweise um *crofter* (Kleinpächter) und *tinker* (Kesselflicker). *Newtonmore, April–Okt. Mo–Sa 10–18, So 14–18, Nov.–März Mo bis Fr 10–15 Uhr, www.highlandfolk.com.* 63 km südlich von Inverness

Highland Wildlife Park **[123 E5]**
★ Auf rund 100 ha Hochland sieht man Wölfe, Luchse, Adler, Marder, Otter und die zotteligen Hochland-

Malerische Burgruine am Loch Ness: Urquhart Castle

Rinder *(highland cattle)*. Einen Teil erkundet man mit dem Auto, den anderen zu Fuß. *Bei Kincraig, April bis Okt. tgl. 10–18, Juni–Aug. 10 bis 19, sonst 10–16 Uhr.* 58 km südlich von Inverness

Loch Ness **[123 D4]**
Werbeträchtig wird die Mär vom Ungeheuer aufrecht erhalten: Der berühmteste und tiefste (325 m), aber nicht schönste Loch Schottlands (siehe »Mit Kindern reisen«).

Malt Whisky Trail
Ausgangspunkt der 110 km langen Rundstrecke im »Königreich des Malzwhiskys« ist Granton-on-Spey **[124 B4]** mit der berühmten *Brennerei Glenfiddich*. Durch diese und andere Brennereien wie The Glenlivet, Glenfarclas, Tamdhu, Glen Grant und Strathisla, z. T. noch in Familienbesitz, gibt es Führungen – ein Gläschen zum Probiern eingeschlossen. *Öffnungszeiten meist Mo–Fr 9.30–16.30, Sa 10–16 Uhr, einige haben auch So geöffnet. Der Trail ist ausgeschildert.*

Urquhart Castle **[123 D4]**
Einst eine der größten Burgen des Landes. Im 12. Jh. erbaut, kam sie 1509 in den Besitz von John Grant of Freuchie. 1692 wurden Teile gesprengt, um eine Übernahme durch die Jakobiten zu verhindern. *April bis Sept. tgl. 9.30–18.30, Nebensaison 9.30–16.30, So 10.30–16.30 Uhr.* 29 km südöstlich von Inverness

STIRLING

[118 A5] Die strategisch günstige Lage nahe Edinburgh und am Wege ins zentrale und westliche Hochland hat Stirling (37 000 Ew.) im Laufe der Jahrhunderte zu einem heiß umkämpften Platz gemacht. Sieben Schlachtfelder liegen in der Nähe, auf denen die Schotten große

Siege im Kampf um ihre Freiheit errangen. Stirling Castle ergab sich 1288 als letzte schottische Festung dem englischen König Eduard I. Hier wuchs Maria Stuart auf, nachdem sie als nur neun Tage altes Baby in der Church of Holy Rude zur Königin gekrönt worden war. In Stirling, das sich bestens als Standort für Ausflüge in die interessante Umgebung eignet, lohnt auch ein Bummel durch die Altstadt.

SEHENSWERTES

Argyll's Lodging
Der Gründer der Kolonie Nova Scotia, Sir William Alexander, baute sich 1632 diese Stadtresidenz im Renaissancestil. Sie wurde um 1670 vom Earl of Argyll zum größten Haus in Stirling erweitert. *Castle Wynd, tgl. 9.30–18 Uhr, Nebensaison So nur bis 17 Uhr*

Church of Holy Rude
In der Kirche (frühes 15. Jh.) wurde Jakob VI., der Sohn von Maria Stuart, 1567 im Alter von 13 Monaten gekrönt – an gleicher Stelle wie 1542 schon seine damals noch jüngere Mutter. *St. John Street, tgl. 10 bis 17 Uhr, So Gottesdienst*

Cowane's Hospital
Das auch Gildehaus genannte Gebäude wurde im 17. Jh. als Armenhaus der Kaufmannsgilde erbaut. *49 St. John Street, tgl. 10–17 Uhr*

Old Town Jail Insider Tipp
Im historischen Gewand eines Gefängniswärters informiert ein Führer höchst anschaulich über die Strafen, die in einem Knast des frühen 19. Jhs. vollstreckt wurden. *St. John Street, April–Sept. tgl. 9.30 bis 17, Nebensaison nur bis 15.30 Uhr*

Stirling Bridge
Die alte Brücke (um 1400) war das »Tor zum Norden« und somit von großer strategischer Bedeutung. *An der A 9 nördlich des Zentrums*

Stirling Castle
★ Es heißt, Schottlands Geschichte ruhe auf zwei Felsen: Edinburgh

Chefsache Naturschutz

Nationalparks schützen die Natur

Der 31. Juli 2002 war ein großer Tag für Schottlands Naturschützer. An diesem Tag eröffnete Prinzessin Anne den *Loch Lomond & The Trossachs National Park*. Er war der erste seiner Art in Schottland und umfasst mit 1856 km² einen Großteil des südlichen Hochlands. Mittelpunkt ist das Besucherzentrum *Lomond Shores* in Balloch mit dem burgartigen *Drumkinnon Tower*, informativen Shows, Galerien, Läden und Cafés. 2003 folgte die Eröffnung des *Cairngorm National Parks*. Mit 3800 km² ist er der größte Nationalpark der Britischen Inseln und umfasst ein Viertel des gesamten schottischen Waldbestands. In dem Gebiet leben außerdem rund 25 Prozent aller bedrohten Arten Großbritanniens.

und Stirling. Der Burgberg von Stirling ist aus Basalt und 75 m hoch. Nach der Einnahme durch Edward I. eroberte Freiheitsheld Wallace das Castle 1297 zurück. Es fiel 1304 wieder in englische Hand, um zehn Jahre später nach dem Sieg der Schotten in der Schlacht von Bannockburn für die kommenden Jahrhunderte als Königsresidenz der Stuarts zu dienen. Mary Queen of Scots verbrachte hier ihre Kindheit, ebenso wie ihr Sohn Jakob VI. Zu besichtigen sind die Große Halle aus dem 16. Jh., der Renaissancepalast von James V. und die Königliche Kapelle (1594). Der Blick von den Wällen bei Queen Mary's Lookout, einem Loch in der Mauer, zu den Grampian Mountains ist atemberaubend. Im Castle ist auch das sehr interessante *Argyll and Sutherland Highlanders Museum* untergebracht. *Tgl. 9.30–18, in der Nebensaison nur bis 17 Uhr*

Wallace Monument
Das historische Vorbild für Braveheart, William Wallace, besiegte 1297 die Engländer. In dem 67 m hohen, neugotischen Turm erlebt man seinen Sieg audiovisuell und begegnet in der *Hall of Heroes* anderen schottischen Helden. Toller Blick vom Turm. *Alloa Road, Juli/Aug. tgl. 9.30–18.30, Nebensaison 10–18 Uhr*

MUSEUM

The Smith
Geschichte, Kunsthandwerk und Design werden in dem modernen Museum mit Kunstgalerie im King's Park vermittelt. *Dumbarton Road, Di–Sa 10.30–17, So 14–17 Uhr*

ESSEN & TRINKEN

The Barton Bar and Bistro
Stilvolle Cafébar mit schmackhaften kleinen Gerichten. *31/2 Barton Street, Tel. 01786/46 16 98, €*

The Heritage
Kleines, feines Restaurant, französische Küche. *16 Allen Park, Tel. 01786/47 48 62, €*

The Tolbooth
Gemütlich in alten Gefängnisgewölben bzw. im Innenhof. Gute Küche. *32 St. John Street, Tel. 01786/45 06 32, €–€€*

ÜBERNACHTEN

Forth Guest House
Komfortable Zimmer in georgianischem Haus. *5 Zi., 23 Forth Place, Riverside, Tel. 01786/ 47 10 20, Fax 44 72 20, €–€€*

Garfield House
Viktorianisches Haus mit großen Zimmern. *8 Zi., 12 Victoria Square, Tel./Fax 01786/47 37 30, €*

Willy Wallace Backpackers Hostel Insider Tipp
Kein Witz: Hier kann man in Brad Pitts oder George Clooneys Bett übernachten! Auch spart der Herbergsvater nicht mit tollen Tipps und lädt zu nächtlichen Ausgehtouren ein. *Schlafsaal, 2 Zi., 77 Murray Place, Tel. 01786/44 67 73, €*

AUSKUNFT

Tourist Information Centre
41 Dumbarton Road, Tel. 01786/ 47 50 19, Fax 47 13 01, www.visitscotland.com

ZIELE IN DER UMGEBUNG

Arbroath **[119 E4]**
1178 gegründet, war die *Arbroath Abbey* – eine Ruine mit gut erhaltener Abtwohnung – der Ort, an dem 1320 die Unabhängigkeitserklärung ausgefertigt wurde, durch die Robert the Bruce zum König bestimmt wurde. *Mo–Sa 9.30–18.30, So 14 bis 18.30 Uhr.* Arbroath ist ein netter Fischer- und Badeort. 112 km nordöstlich von Stirling

Bannockburn Heritage Centre **[118 A5]**
1314 standen bei Bannockburn 6000 Schotten 20 000 Engländern gegenüber. Schottenkönig Robert the Bruce führte die Seinen zum Sieg und errang dem Land die Unabhängigkeit. Ein Reiterstandbild zeigt ihn heute in Erwartung des Feindes, die Schlacht kann man audiovisuell nacherleben. *April–Okt. tgl. 10–17.30, März, Nov./Dez. 10.30 bis 16 Uhr.* 3 km südlich von Stirling

Blair Castle **[118 B2]**
★ Um den Cumming's Tower von 1269 gruppieren sich Anbauten im Baronial Style. Seit 1629 ist Blair Castle Sitz der Dukes of Atholl, der Chiefs des Clans Murray. Im Inneren u. a. Waffen und Porzellan *(April–Okt., tgl. 10–17 Uhr).* Die Privatarmee des Duke, *The Atholl Highlanders*, ist die einzige ihrer Art in Europa. Sie tritt einmal im Jahr *(letzter So im Mai)* zur Parade an. *www.blair-castle.co.uk.* 105 km nördlich von Stirling

Castle Campbell **[118 B5]**
Auf einem Hügel mit weiter Aussicht erheben sich bei Dollar die imposanten Ruinen des im 15. Jh. vom Earl of Argyll erbauten Castle. 1650 von Cromwell zerstört. *Mo bis Sa 9.30–18, So 14–18 Uhr.* 24 km östlich von Stirling

Doune Castle **[118 A5]**
Die Burg (14. Jh.) mit ihrem mächtigen, 30 m hohen Donjon wird seit Jahren restauriert. Man besichtigt u. a. die *Great Hall* und die Gemächer der Burgherren, wo eine Falltür einen Fluchtweg verbarg *(Mo bis Sa 9.30–18.30, Nebensaison Mo–Mi und Sa 9.30–16.30 Uhr).* 13 km nordwestlich von Stirling

Dunblane **[118 A5]**
Sehenswert sind in dieser netten Kleinstadt (4500 Ew.) die imposante restaurierte Kathedrale aus dem 13. Jh. sowie *The Dean's House* von 1624, in dem das *Cathedral Museum* untergebracht ist. *Dean's House, Juni–Sept. Mo–Sa 10.30 bis 12.30 und 14.30–16.30 Uhr.* 13 km nördlich von Stirling

Dundee **[119 D4]**
Die Stadt (172 000 Ew.) am Meer eignet sich als Station für Ausflüge. Interessantes über die Antarktis wird im *Discovery Point* neben dem umgebauten Forschungsschiff von Südpolforscher Robert F. Scott gezeigt, *Discovery Quay, tgl. 10–17 Uhr.* Das alte Kriegsschiff »Unicorn« liegt im *Victoria Dock, tgl. 10–17 Uhr.* Ein anschauliches Museum ist die alte *Juteweberei*, einst ein wichtiger Industriezweig Dundees, *Verdant Works, West Henderson's Wynd, tgl. 10–17 Uhr.* 85 km nordöstlich von Stirling

Insider Tipp

Falls of Dorchart **[118 A3]**
Durch das malerische Hochlanddorf *Killin* tost der Wasserfall. Auf

einer Flussinsel liegt der Friedhof des Clans MacNab. 60 km nördlich von Stirling

Glamis Castle **[119 D3]**
★ Hier verbrachten Königin Elisabeth II., ihre Mutter sowie Prinzessin Margaret die Kindheit. Das Castle stammt in seiner heutigen Anlage vom Ende des 17. Jhs. und wird seit 1372 von der Familie Bowes-Lyon bewohnt. Zu besichtigen sind Porzellan, Möbel, Bilder. *April–Okt. tgl. 10.30–16.45, Juli/Aug. ab 10 Uhr.* 108 km nordöstlich von Stirling

Huntingtower Castle **[118 C4]**
Die Burg nahe Perth war 1582 Schauplatz einer Verschwörung gegen den jungen König Jakob VI., der vom Burgherrn, dem Earl of Gowrie, und anderen Adligen gefangen genommen wurde und erst nach einigen Monaten wieder freikam. *April–Sept. Mo–Sa 9.30–18, So 14–18 Uhr, Okt.–März Sa–Mi 9.30–16, So 14–16 Uhr.* 57 km nordöstlich von Stirling

Perth **[118 C4]**
Drei Jahrhunderte lang war Perth (42 000 Ew.) Schottlands Hauptstadt, ehe es den Titel an Edinburgh abtrat. Im Jakobitenaufstand wurde Perth stark zerstört, sodass heute wenig an die große Vergangenheit erinnert. Einziges historisches Gebäude von Bedeutung ist die Kirche, wo der Reformator John Knox predigte. Interessant: *Perth Art Gallery and Museum (Mo–Sa 10–17 Uhr)* mit lokalhistorischen und naturkundlichen Sammlungen sowie das *Perth Repertory Theatre* in der High Street, ein viktorianisches Theater aus dem Jahr 1900.

Die wichtigste Sehenswürdigkeit, *Scone Palace* **[118 C4]**, liegt 3 km nordöstlich von Perth an der Straße nach Braemar: An der Stelle des heutigen Landsitzes der Earls of Mansfield stand beim Palast die Ab-

Einige Innenräume von Glamis Castle können besichtigt werden

tei: Krönungsstätte der schottischen Könige mit dem *Stone of Scone*, dem schottischen Krönungsstein. Kenneth MacAlpin brachte ihn im 9. Jh. hierher; 1296 wurde der Stein von Edward I. geraubt. 1996 bekamen die Schotten ihn zurück; er ist in Edinburgh Castle zu sehen. Die alte Abtei wurde in der Reformation zerstört. Im neugotischen Landsitz sind Porzellan, Möbel, Uhren zu sehen. *April–Okt. tgl. 9.30–16.45 Uhr.* 52 km nordöstlich von Stirling

Pitlochry **[118 B2]**

Der schöne Ferienort (2000 Ew.) liegt günstig für Wanderungen. 5 km nördlich kommt man zum *Pass of Killiecrankie* **[118 B2]**. In der berühmten Schlacht (1689) in dieser Schlucht siegte »Bonnie Dundee« mit seinen Jakobiten über die Engländer. *Besucherzentrum April bis Okt. tgl. 9.30–18 Uhr.* 98 km nordöstlich von Stirling

St. Andrews **[119 D5]**

Die Kleinstadt (11 000 Ew.) nimmt gleich durch ihr gepflegtes Stadtbild ein. Die Mutterstadt des Golfs hat zudem die älteste, 1412 gegründete Universität Schottlands, *im Sommer zweimal tgl. Führungen.* Für Golffans hält das *British Golf Museum* Wissenswertes über die Geschichte dieses Sports bereit *(Bruce Embankment, Mai–Okt. tgl. 9.30 bis 17.30 Uhr)*. Sehenswert sind die Überreste der einst größten schottischen Kathedrale aus dem 12./13. Jh. Neben der Kathedrale erhebt sich mit weiter Aussicht aufs Meer die Ruine der um 1200 begonnenen Burg *(Mo–Sa 9.30–18, So 14–18 Uhr)*, die zu Beginn der Reformation im Zentrum der Kämpfe stand. 106 km östlich von Stirling

The Trossachs **[117 F4]**

So schön und wildromantisch das Tal des kleinen Loch Achray zwischen Loch Katrine und Loch Venachar ist, so touristisch erschlossen ist es auch. Nur in der Nebensaison kann man die Schönheit des »rauen Landes«, so der gälische Name, in Ruhe genießen, das im vorigen Jahrhundert durch Walter Scott und seine Versromanze »Lady of the Lake« (1810) zum Ausflugsziel wurde. Beliebt ist die Fahrt auf dem Loch Katrine mit der »SS Sir Walter Scott« *(April–Sept. Abfahrt Trossachs Pier)*.

Bei der Rundfahrt im Gebiet der Trossachs liegen weitere Ziele am Weg: Das Dörfchen *Aberfoyle* **[117 F4]** ist ein guter Ausgangspunkt für Wanderungen. Beim Touristenbüro liegt das *Scottish Wool Centre (tgl. 9.30–18 Uhr)*, wo verschiedene Schafrassen versammelt sind und die Wollverarbeitung in allen Phasen vorgeführt wird. Die Produkte im Shop sind aber nicht billig. Von Aberfoyle führt eine großartige Strecke über Duke's Pass in den *Queen Elizabeth Forest Park* **[117 F4]**. Der *Achray Forest Drive*, eine 11 km lange Forststraße, die am Loch Achray und Venchar entlang führt, erschließt das Gebiet aus Wald, Moor und Hochland.

Fährt man von Stirling in die Trossachs, kommt man durch *Callander* **[118 A4]**. Hier informiert das *Rob Roy and Trossachs Visitor Centre (tgl. 10–17, Juli–Sept. 9–18 Uhr)* über Rob Roy MacGregor, den durch Walter Scott literarisch verewigten schottischen Robin Hood. 15 km nördlich von Callander liegt auf dem Friedhof bei Balquhidder **[117 F4]** *Rob Roy's Grave*, wo der Lokalheld mit Familie begraben ist. 40 km nordwestlich von Stirling

Wo einst mächtige Clans herrschten

Die Westküste mit ihren Inseln und Meeresarmen halten viele für die schönste Landschaft Schottlands

Bei klarem Wetter bietet sich vom höchsten Berg Großbritanniens, dem Ben Nevis (1343 m) bei Fort William, ein hinreißender Rundblick auf die zerfranste Westküste und das Gewirr der vorgelagerten Inseln der Inneren Hebriden, auf die Insel Skye und die nordwestlich weit ins Meer vorgeschobene Kette der Äußeren Hebriden. Das westliche Hochland bietet mit seinem oft dramatischen Zusammenspiel von Fels und Wasser nicht allein landschaftliche Höhepunkte: Hier liegen auch das düster-majestätische Glen Coe mit seiner traurigen Geschichte, die Gärten von Argyll, Loch Fyne und der spektakuläre Bergpass Rest and be thankful, die weißen Strände – The white sands of Morar – auf dem Weg zum Küstenort Mallaig, den man auf einer herrlichen Bahnfahrt von Fort William nach Mallaig erleben sollte. Nicht zuletzt warten hier zahlreiche Inseln auf Besucher, unter ihnen das großartige Skye, von den alten Gälen Eilean Sgiathanach, »geflügelte Insel«, genannt.

Für Puristen eine Augenweide: herbe Naturschönheit am Loch West Tarbert, Insel Harris

Lohnend sind Schiffsausflüge zu den Inneren Hebriden vor dem Küstenstädtchen Oban: nach Iona, der schottischen Wiege des Christentums, und nach Staffa, das mit Fingal's Cave als Weltwunder bezeichnet wird. Oder nach Coll, Tiree und Colonsay, wo man im Guesthouse stille Inselferien verbringen kann.

FORT WILLIAM

[122 B6] Das Städtchen (11 000 Ew.) trägt den Titel »Drehscheibe des Tourismus« zu Recht. Wo früher nur ein Fort stand und Soldaten in Garnison lagen, also in strategisch günstiger Position, finden sich heute alle Ingredienzen eines erfolgreichen Touristenortes, der in der Hochsaison meist ziemlich überlaufen ist. Am Nordostufer des Loch Linnhe ziehen sich kilometerlang die Hotels, Pensionen und Bed & Breakfast-Quartiere hin. Fort William ist eben ein guter Standort beziehungsweise eine ideale Zwischenstation für Ausflüge ins westliche Hochland, zur Insel Skye und in die von Heide und Moor bedeckten Grampian Mountains.

Verdiente Pause nach der Wanderung im Tal von Glen Coe

SEHENSWERTES

Ben Nevis Distillery & Visitor Centre
Informative Ausstellung in alter Whiskybrennerei, ergänzt durch Rundgang und Kostprobe des »Lebenswassers«. *Lochy Bridge, nördl. Fort William (A 82), Mo–Fr 9 bis 19.30 Uhr, April–Sept. auch Sa*

MUSEUM

West Highland Museum
Wie man früher im Hochland lebte, wird Besuchern hier gezeigt. Zum Museum gehören eine Tartan-Sammlung, Möbel, Waffen, Trinkgefäße sowie Erinnerungen an den Aufstand der Jakobiten. *Cameron Square, Mo–Sa 10–17, Juli/Aug. auch So 14–17 Uhr*

ESSEN & TRINKEN

Crannog Seafood
Bestes Fischrestaurant am Ufer des Loch Linnhe. *Town Pier, Tel. 01397/70 55 89,* €€

The Moorings Hotel
Das Haus hat ein gutes Restaurant und eine gemütliche Wine Bar. *Banavie, Tel. 01397/77 27 97,* €–€€

ÜBERNACHTEN

Clan MacDuff Hotel
Nicht nur die tolle Lage am Loch Linnhe, auch die gepflegten Zimmer und Apartments mit Balkon und Seeblick sind Pluspunkte. *24 Zi., Achintore Road, Tel. 01397/70 23 41, Fax 70 61 74, www.clanmacduff.co.uk,* €–€€

Rhu Mhor Guest House
In einem prächtigen Garten liegt das schöne Haus mit familiärer Atmosphäre; günstige Preise. *6 Zi., Alma Road, Tel. 01397/70 22 13, www.rhumhor.co.uk,* €

AUSKUNFT

Tourist Information Centre
Cameron Square, Tel. 01397/70 37 81, Fax 70 51 84, www.highland-freedom.com

ZIELE IN DER UMGEBUNG

Ben Nevis **[122 B6]**
Großbritanniens höchster Berg (1343 m). Aufstieg vom Glen Nevis in rund vier Stunden. Der Blick reicht bei klarem Wetter bis nach Irland. 6 km östlich von Fort William

Glen Coe **[122 B6]**
★ In der wilden Bergeinsamkeit des Tales ereignete sich im Jahr 1692 das unvergessene Massaker am Clan Mac Donald durch von den Campbells angeheuerte englische Söldner. Das *Glencoe and North Lorn Folk Museum* in Glencoe Village erinnert an den Aufstand der Jakobiten; volkskundliche Sammlungen. *Mo–Sa 10–17 Uhr.* 30 km südlich von Fort William

Glenfinnan Monument **[122 B5]**
Die Denkmalsäule bietet einen schönen Blick auf Loch Shiel und erinnert an die Landung von »Bonnie Prince Charles« im Jahre 1745 und den Aufstand der Jakobiten. Im *Visitor Centre* ist der Weg des schottischen Heeres dargestellt. *Im Sommer tgl. 9.30–18 Uhr.* 30 km westlich von Fort William

Mallaig **[122 A4]**
Zu dem Küstenort vis-à-vis der Insel Skye führt eine schöne Straße. Reizvoller ist die Fahrt mit der Museumseisenbahn von Fort William (Insider Tipp) *(hin und zurück 5 Std., Mitte Juni bis Okt. tgl. außer Sa um 10.20 Uhr, www.steamtrain.info).* Südlich, bei *Morar,* liegt der berühmte weiße Strand, *The white sands of Morar.*

OBAN

[117 D3] Das Küstenstädtchen (8000 Ew.) liegt im Schutz der Inneren Hebriden am Firth of Lorne. Außerdem ist Oban neben Fort William das wichtigste Touristenzentrum des westlichen Hochlandes. Im Sommer herrscht hier lebhaftes

MARCO POLO Highlights »Westliches Hochland«

★ **Ardanaiseig Gardens**
Schöne Gärten und ein hervorragendes Hotel (Seite 62)

★ **Argyll Forest Park**
Wo die unberührte Natur besonders schön ist (Seite 63)

★ **Glen Coe**
Tal von wilder Einsamkeit und Schauplatz eines berüchtigten Massakers (Seite 61)

★ **Kilmartin House**
Hier nimmt die Geschichte des Landes Formen an (Seite 64)

★ **Skye**
Dramatische Berglandschaft auf der größten Hebrideninsel (Seite 65)

★ **Staffa**
Klein, felsig, unbewohnt – mit Fingal's Cave ein Naturwunder (Seite 65)

Treiben: Vom Hafen starten Schiffsausflüge, Fähren bringen Passagiere, Schafe und Ware zu den Inseln der Inneren Hebriden. Über den Häusern am Hafen krönt ein exotischer Bau die Anhöhe: *MacCaig's Tower*, Nachbildung des Kolosseums von Rom. Oban liegt auch günstig für Ausflüge zu Land und bietet im Sommer ein vielseitiges Programm für die abendliche Unterhaltung. Für gehobene Ansprüche empfehlen sich die überwiegend ausgezeichneten Country Hotels in der Umgebung.

SEHENSWERTES

MacCaig's Tower
Der Bankier MacCaig ließ das schottische Kolosseum 1897 bis 1900 als Familiendenkmal errichten, womit er zugleich den arbeitslosen einheimischen Handwerkern zu Jobs verhalf. Von der Aussichtsplattform bietet sich eine hinreißende Aussicht auf die Küste und die Inseln.

Hafenansicht von Oban

Oban Distillery
»Oban 12 years old« ist an jeder gut sortierten Bar zu finden. Die Brennerei wurde 1794 gegründet. *Stafford Street, Mo–Fr 9.30–19.30 (im Winter nur bis 17), Sa 12–17 Uhr*

ESSEN & TRINKEN

Oban Inn Insi Tip
Gemütliches Pub, Lounge-Bar im 1. Stock: *Haggis* und andere schottische Spezialitäten. *Stafford Street, Tel. 01631/56 24 84,* €–€€

Waterfront Restaurant
Ausgezeichnet zubereitete Fischgerichte gibt's in der ehemaligen Seemannsmission am Hafen. *Am Kai, Tel. 01631/56 31 10,* €€

ÜBERNACHTEN

Beechgrove Guest House
Kleine, feine Pension in schöner Lage. *3 Zi., Croft Road, Tel. 01631/56 61 11,* €

Manor House Hotel
Toller Blick über die Bay, Komfort und gute Küche. *11 Zi., Gallanach Road, Tel. 01631/56 20 87, Fax 56 30 53, www.manorhouseoban.com,* €€–€€€

AUSKUNFT

Tourist Information Centre
Boswell House, Argyll Square, Tel. 01631/56 31 22, Fax 56 42 73, www.highland-freedom.com

ZIELE IN DER UMGEBUNG

Ardanaiseig Gardens **[117 E3]**
★ Mit Blick auf Loch Awe, einen der schönsten und größten Seen

Schottlands, wandelt man zwischen Rhododendren, Azaleen und seltenen Bäumen. Das Hotel im schönen Herrenhaus zählt zu den besten Adressen der Gegend: *Ardanaiseig Hotel, Kilchrenan, Argyll, 16 Zi., Tel. 0186/83 33 33, Fax 83 32 22, €€–€€€.* 35 km östlich von Oban

Argyll Forest Park **[117 E4]**
★ Wanderwege erschließen einen besonders schönen Teil des Hochlandes (250 km^2) zwischen den Lochs Eck, Goil und Long.

Coll **[116 A–B1]**
Die kahle Insel wird von Oban wie das benachbarte Eiland *Tiree* **[114 A1]** viermal wöchentlich via Tobermory, Isle of Mull, angelaufen. Unterkunft im *Coll Hotel (6 Zi., Tel. 01879/23 03 34, Fax 23 03 17, www.collhotel.com, €–€€). Breacachadh Castle (Voranmeldung: Tel. 018793/444),* bis 1750 Sitz der MacLeans, gilt als das beste Beispiel eines mittelalterlichen Castle an der Westküste.

Insider Tipp **Colonsay** **[116 B3–4]**
Fast kann man hier Robinson spielen, so einsam ist die kleine Insel. Von Oban verkehrt die Fähre dreimal wöchentlich, Dauer der Überfahrt zwei Stunden. Das *Colonsay Hotel (10 Zi., Tel. 01951/20 03 16, Fax 20 03 53, www.colonsay.org.uk, €–€€),* ein alter Inn, bietet modernen Komfort.

Eriska **[117 D2]**
Das Inselchen nördlich von Oban ist wegen des Hotels *Isle of Eriska* ein Refugium besonderer Art. Das 1884 im Baronial Style erbaute Herrenhaus gehört zur Gruppe der Scotland Heritage Hotels. *17 Zi., Isle of Eriska, Ledaig, By Oban, Argyll, PA37 1SD, Tel. 01631/72 03 71, Fax 72 05 31, www.eriska-hotel.co.uk, €€€*

Gigha **[116 B5–6]**
Vor der Westküste von Kintyre (Autofähre von Tayinloan nach Ardminish, Überfahrt 15 Min.) liegt die kleine, für ihre Fruchtbarkeit bekannte Insel (200 Ew.). Üppig gedeiht teils subtropische Vegetation in den *Achamore House Gardens.*

Inveraray **[117 E4]**
Das schöne Städtchen (400 Ew.) wurde im 18. Jh. von den Campbells angelegt. Die Campbells of Argyll waren früher Chefs des mächtigsten schottischen Clans. Ihr Wohnsitz ist entsprechend prachtvoll. Mit dem Bau des heutigen Castle wurde 1743 begonnen. Im Innern bedeutende Kunstschätze. *Juni–Sept. tgl. 10–17.45, Nebensaison 10–13, 14–17.45, So 13 bis 17.45 Uhr.* Das Gruseln lernt man im *Inveraray Jail,* wo lebensnah über mittelalterliche Gerichtsverhandlungen und Strafen informiert wird und die Ausstellung »In Prison Today« den neueren Stand der Strafjustiz zeigt. *Church Square, April bis Okt. tgl. 9.30–18, sonst 10–17 Uhr.* 65 km südöstlich von Oban

Iona **[116 A–B2]**
Im Jahr 563 landete der irische Mönch Columba mit zwölf Gefolgsleuten auf der Insel und gründete ein Kloster: die Keimzelle des Christentums in Großbritannien. Jahrhundertelang war Iona Begräbnisplatz der schottischen Könige und Clan Chiefs, darunter Duncan und Macbeth. Die Gebäude aus

Stammsitz der Herzöge von Argyll: Inveraray Castle

dem frühen 13. Jh. samt Kathedrale verfielen nach der Reformation. Die Kathedrale stammt vom Anfang des 20. Jhs., seit 1938 ist das Kloster Sommersitz des Priesterordens Iona Community. St. Oran's Chapel von 1080 ist das älteste Bauwerk der Insel. Das *Iona Heritage Centre* ist Leben und Werk des Heiligen gewidmet *(im Sommer tgl. 11–17 Uhr)*. Per Schiff erreicht man das autofreie Eiland ab Oban oder über Fionnphort/Mull *(außer sonntags)*.

Islay **[116 A–B 4–5]**
Die 3800 Bewohner der fruchtbaren Insel leben von Vieh- und Schafzucht sowie von der Whiskyherstellung (fünf Brennereien). Die Landschaft ist reizvoll; es gibt Klippen, Sandstrände und freundliche Dörfer. Golfer kommen wegen des erstklassigen *Machrie Golf Course* beim *Machrie Hotel (Port Ellen, 13 Zi., 14 cottages, Tel. 01496/30 23 10, Fax 30 24 04, www.machrie.com, €€)*.

Jura **[116 B–C 4–5]**
Die 50 km lange Insel ist kaum besiedelt (350 Ew.). Es gibt nur eine Straße. Im Innern ragen drei bis 824 m hohe Berge auf. 1946–49 lebte George Orwell auf der Insel und schrieb »1984«.

Kilmartin House **[116 C4]**
★ Nirgendwo in Schottland gibt es mehr prähistorische Stätten – Menhire, Kammergräber, Felszeichnungen und das Fort der ersten schottischen Könige – als im idyllischen Kilmartin-Tal. Den Einstieg in die Vergangenheit ermöglicht das ausgezeichnete *Museum Kilmartin House* in Kilmartin *(tgl. 10–17.30 Uhr, www.kilmartin.org)* mit interessanten Fundstücken und audiovisuellen Vorführungen. 50 km südlich von Oban

Kintyre **[112 B–C 1–2]**
Die eher unansehnliche Stadt *Campbeltown* (6000 Ew.) mit bekannter Whiskybrennerei liegt ab-

geschieden am südlichen Ende der Halbinsel. Lohnend ist ein Abstecher an die Spitze (Achtung, schmale Straße mit wenig Ausweichmöglichkeiten!), dem von Paul McCartney besungenen *Mull of Kintyre* – hier bietet sich eine tolle Aussicht. Schön ist die Fahrt entlang der malerischen Westküste; im Ort *Claonaig* legt die Fähre zur Insel Arran ab.

Mull **[116 B–C 1–3]**

Von den knapp 2000 Einwohnern der 9910 km^2 großen Insel leben 500 in der Hauptstadt *Tobermory.* Die Fähre von Oban fährt täglich mehrmals zur vollen Stunde nach Craignure (40 Min.). Außerdem von Oban Schiffsausflüge um die Insel und zweimal tgl. von Fionnphort nach Staffa. *Duart Castle* an der Ostküste gegenüber Oban ist seit dem 13. Jh. Sitz des Clans MacLean. Wegen ihrer Unterstützung der Stuarts wurde das Castle 1691 erobert, verfiel mit der Zeit und wurde 1911 wieder aufgebaut. *Mai–Mitte Okt. tgl. 10.30–18 Uhr*

Oban Rare Breeds Farm Park **[117 D2]**

Eine Arche Noah mit selten gewordenen heimischen Haustierrassen, die auch gezüchtet werden, um sie vor dem Aussterben zu bewahren. *März–Okt. tgl. 10–17.30 Uhr.* 16 km nordöstlich von Oban

Oban Seal and Marine Centre **[117 D2]**

Schön am Loch Creran liegt das ausgezeichnete Meereszentrum mit großem Seehundbecken, Riesenhummern und anderen Meeresbewohnern. Außerdem Abenteuerspielplatz und Lehrpfad. *Barcaldine, tgl. 9–18, Nebensaison 10–17 Uhr.* 16 km nördl. von Oban

Staffa **[116 B2]**

★ Zu den großen Naturwundern der Welt zählt die kleine, heute unbewohnte Insel westlich von Mull. Erst 1772 wurde die »Perle der Hebriden« durch den Naturforscher Sir Joseph Banks bekannt. Die phantastische Höhle *Fingal's Cave,* mit ihren ebenmäßigen Basaltsäulen majestätisch wie eine Kathedrale, ist rund 80 m tief und bis zu 22 m hoch. Mit Mendelssohns Hebriden-Ouvertüre, Untertitel »Staffa«, ist sie musikalisch verewigt. Queen Victoria, John Keats und Theodor Fontane haben sie besucht, William Wordsworth hat sie im Gedicht besungen, William Turner dort gemalt. Neun Monate ist Staffa sturmumtost, die »3 Isles Tour« per Schiff von Oban fällt bei zu hohem Seegang aus.

SKYE

★ **[121 D–E 1–4]** Skye, gälisch *Eilean Sgiathanach,* »geflügelte Insel«, ist eine Welt für sich. Sie ist die größte Insel der Inneren Hebriden und über die vor einigen Jahren gebaute Brücke *(6 £ pro Passage)* zwischen Kyle of Lochalsh und Kyleakin leicht zu erreichen – was die Insulaner selbst eher bedauern. Dabei ist der Tourismus eine wichtige Einnahmequelle. Wer ins Westliche Hochland fährt, kann diese Insel, die landschaftlich zu den schönsten in Großbritannien zählt, nicht auslassen. Mit der um 1000 m hohen Bergkette der Cuillins, der wild zerfransten Küste und ihren historischen Plätzen ist Skye mehr als eine Tagestour wert. *Portree,* die Inselhauptstadt (1500 Ew.), liegt prächtig am grünen Ufer eines Loch. Mit dem kleinen Hafen und den gepflegten, pastellfarbenen Häusern ist Portree ein Idyll, wenn auch ein sehr touristisches.

SEHENSWERTES

Armadale Castle Gardens and Museum of the Isles **[121 E4]**
Die Welt der Clans, insbesondere der MacDonalds und der Lords of the Isles, wird hier faszinierend dargelegt. Gut das neue *Museum of the Isles,* toll der 16 ha große Landschaftspark im Stil des 19. Jhs. *Armadale, April–Okt. tgl. 9.30–17.30 Uhr, Park ganzjährig geöffnet*

Dunvegan Castle and Gardens **[121 D2]**
Seit über 700 Jahren Sitz der Chiefs des Clans MacLeod; berühmt die mit Zauber behaftete Feenfahne *Fairy Flag* in der Clanausstellung. Vom Bootsanleger aus ist der Besuch einer Seehundskolonie möglich. *www.dunvegancastle.com, März bis Okt. tgl. 10–17.30, sonst 11–16 Uhr*

Insider Tipp

Kilt Rock, Old Man of Storr **[121 E1–2]**
Bei der Rundfahrt um die Halbinsel Trotternish im Norden von Skye kommt man am *Old Man of Storr,* einem 50 m hohen Felskegel, und am *Kilt Rock* vorbei, dessen Basaltsäulen wie ein Kilt gefaltet sind.

Skye Serpentarium **[121 E3]**
In der alten Wassermühle wimmelt es von Schlangen, Eidechsen und Schildkröten. *Harrapool, Broadford, April–Okt. Mo–Sa 10–17 Uhr, Juli/Aug. auch So*

MUSEEN

Borreraig Park Piping Centre **[121 D1]**
Geschichten rund um das Nationalinstrument: Sie können selbst versuchen, dem Dudelsack Töne zu entlocken. *Borreraig, Di–Sa 11–17.30 Uhr*

Skye Museum of Island Life **[121 E1]**
Sieben strohgedeckte Häuser, wie sie die *crofter,* Kleinbauern, im 19. Jh. bewohnten, und ihre Gerätschaften erzählen vom kargen Leben der Insulaner. *Kilmuir, April bis Okt. Mo–Sa 9.30–17.30 Uhr*

ESSEN & TRINKEN

Claymore Restaurant **[121 E3]**
Pubrestaurant, gute Küche, freundliche Bedienung. *Ortseingang Broadford, Tel. 01471/82 23 33,* €–€€

Harbour View Seafood Restaurant **[121 E2]**
Lage, Ambiente und Küche machen das Fischrestaurant zu einer Topadresse auf Skye. *Portree, 7 Bosville Terrace, Tel. 01478/61 20 69,* €€–€€€

Loch Bay Seafood Restaurant **[121 D2]**
Insider Tipp
Für Freunde von Meeresgetier, toll die fangfrischen Hummer. *Stein, Tel. 01470/59 22 35,* €–€€

ÜBERNACHTEN

Ardvasar Hotel **[121 E4]**
Netter Inn mit gutem Restaurant in prächtiger Lage am Sound of Sleat. *10 Zi., Ardvasar, Tel. 01471/84 42 23, Fax 84 44 95, www.ardvasarhotel.com,* €€

Flodigarry Country House Hotel **[121 E1]**
Einmalig schön an der wilden Nordküste. Stilvolle, komfortable Zimmer, ausgezeichnete Küche. *19 Zi., Staffin, Tel. 01470/55 22 03, Fax 55 23 01, www.flodigarry.co.uk,* €€–€€€

Glenview Hotel **[121 E1]**
Gut geführtes Gasthaus, gepflegte Küche (Fisch!). *10 Zi., Culnacnoc, Staffin, Tel. 01470/56 22 48, Fax 56 22 11, www.glenview-skye.co.uk,* €–€€

AUSKUNFT

Tourist Information Centre
Portree, Bayfield Road, Tel. 01478/61 21 37, Fax 61 21 41, www.highland-freedom.com

ZIELE IN DER UMGEBUNG

Äußere Hebriden
Von Uig gehen Fähren zu den Äußeren Hebriden oder Western Isles (32 000 Ew.), nach *Tarbert* auf Harris **[126 C4]**, nach *Loch-maddy* auf North Uist **[126 B5]**.

Eilean Donan Castle **[122 B3]**
Erbaut im 13. Jh., wurde die Burg auf einem Fels im *Loch Duich* 1719 zerstört und 1932–52 wieder aufgebaut. Im Innern eine bunte Sammlung: Möbel, Waffen, Erinnerungsstücke des Clans MacRae. *Tgl. 10 bis 17.30 Uhr.* 15 km östlich von Skye

Harris **[126 C4]**
Größter Ort ist *Tarbert* (300 Ew.) **[126 C4]**, den die Fähre von Skye anläuft (Unterkunft im *Harris Hotel, 15 Zi., Tel. 01859/50 21 54, Fax 50 22 81,* €*)*. Am Südende der Insel steht die einsame *St. Clement's Church* **[126 B–C5]** *(Schlüssel im Rodel Hotel)* mit dem Grabmal des 8. Clanchiefs der MacLeod von 1528. *North* und *South Uist* **[126 A–B 5–6]** mit dem Mittelteil *Benbecula* sind durch Brücke und Damm verbunden.

Lewis **[126/127]**
Mit 2135 km^2 ist Lewis die größte Insel. Sie hängt mit *Harris,* dem Südteil, zusammen. Die Hauptstadt *Stornoway* **[127 E3]** (8000 Ew.) ist Verwaltungssitz der Inselgruppe, Zentrum der Harris-Tweed-Industrie und Fischereihafen (Fährverbindung von Ullapool). Das *Royal Hotel (26 Zi., Cromwell Street, Tel. 01851/70 21 09, Fax 70 21 42, www.calahotels.com,* €€*)* bietet jeden Komfort. Ein Ausflug führt zu den *Callanish Standing Stones* **[127 D3]**. Eine Allee von 19 Monolithen führt nördlich zu einem Kreis von 13 Steinen, nach Süden, Osten und Westen sind weitere Steinreihen ausgerichtet. Die Anlage in Form eines keltischen Kreuzes entstand 2900 bis 2600 v. Chr. und dürfte ein Kultplatz gewesen sein.

Callanish Standing Stones auf Lewis

Abenteuer Einsamkeit

In den menschenleeren Landschaften des hohen Nordens finden Zivilisationsmüde ihr Paradies

Nach den Bens, Lochs und Glens des zentralen Hochlandes bedeutet die Fahrt in den nördlichsten Teil Schottlands nochmals eine Steigerung. Nicht was Schönheit, sondern was Einsamkeit und Ursprünglichkeit betrifft. Denn Grampian Mountains, Speytal und Deeside sind heute touristisch so gezähmt, dass man nicht weit zu fahren braucht, um auf ein Visitor Centre, ein Castle mit dem Parkplatz voller Pkw und Busse zu stoßen. Die Fahrt in den hohen Norden Schottlands dagegen ist fast noch ein Abenteuer. Die reizvollste Strecke verläuft an der Westküste nordwärts entlang The Minch, dem Meeresarm zwischen Festland und Äußeren Hebriden. Ab Ullapool, auch nur ein Fischernest, ist Schluss mit städtischen Siedlungen, auch die Dörfer bestehen nur aus einer Handvoll Häuser. An Unterkünften stehen keine Schlosshotels mehr für verwöhnte Gäste bereit, hier oben sind die Hotels und Guesthouses eher bescheiden und klein – kurz: Man muss raue Einsamkeit und menschenleere Landschaften lieben, um das nördliche Hochland als Höhepunkt der Schottland-Reise zu erleben. Dabei sollten Sie keinesfalls den »Sprung« übers Wasser zu den Orkney-Inseln auslassen. Wie die Äußeren Hebriden haben sie ihren ganz eigenen, kargen Reiz und eine Geschichte, deren Spuren man bis 2500 Jahre vor Christus zurückverfolgen kann.

Am Ende der Welt: Duncansby Head und die Duncansby Stacks

Das malerische Städtchen Ullapool lebt von Fischfang und Tourismus

Ullapool

[128 A5] Eine weiß leuchtende Reihe niedriger Häuser vor dunkel aus dem Meer aufsteigenden, nackten Felswänden – der Fischerort Ullapool (1000 Ew.) an der Küste des zum Meer geöffneten Loch Broom ist ein Vorposten der Zivilisation im

Fischer sortieren Netze im Hafen von Ullapool

dünn besiedelten Norden. 1788 von der British Fisheries Association gegründet, zählt Ullapool heute noch zu den wichtigsten Fischereihäfen Großbritanniens. In der Fangsaison drängen sich die Trawler am Kai und entladen ihre überquellenden Netze in bereitstehende Lastwagen. Außerdem ist Ullapool aber auch ein Touristenstützpunkt, im Sommer werden Schiffsausflüge entlang der Küste und zu den Inseln sowie Angeltouren angeboten. Der Ort liegt an einer der schönsten Strecken in den Highlands, der Wester-Ross-Küstenstraße. Mit einer Autofähre kann man zu den Äußeren Hebriden, nach Stornoway auf Lewis, übersetzen.

MUSEUM

Ullapool Museum
Eine kleine Sammlung veranschaulicht in diesem Heimatmuseum die Bedeutung des Fischfangs und das Leben an der Küste. *Quay Street, Mo–Sa 9.30–17.30 Uhr*

ESSEN & TRINKEN

The Ceilidh Place
Schottische Spezialitäten (Haggis à la carte). *14 West Argyll Street, Tel. 01854/61 21 03,* €

ÜBERNACHTEN

Ardvreck Guest House
Insider Tipp
Großartige Aussicht auf Ullapool, das Meer und die Berge. Die Zimmer sind geräumig und komfortabel. *10 Zi., Morefield Brae, Tel. 01854/61 20 28, Fax 61 30 00, www.smoothhound.co.uk/hotels/ardvreck,* €–€€

Brae Guest House
Eine sehr gute Adresse am Kai, tipptopp gepflegt und komfortabel. Restaurant. *18 Zi., Shore Street, Tel. 01854/61 24 21,* €

Four Seasons Travel Lodge
Modernes Familienhotel, etwas außerhalb des Ortes mit schöner Aussicht auf Loch Broom. *16 Zi.,*

Garve Road, Tel. 01854/612905, Fax 612674, www.smoothhound.co.uk/hotels/seasons, €

Royal Hotel
Ein größeres, modernes Haus mit komfortablen Zimmern und einem Restaurant mit überdurchschnittlicher Küche. *30 Zi., Garve Road, Tel. 01854/61 21 81, Fax 61 29 51, www.shearingsholidays.com, €€*

AUSKUNFT

Tourist Information Centre
West Shore Street, Tel. 01854/61 21 35, Fax 61 30 31, www.highland-freedom.com

ZIELE IN DER UMGEBUNG

Ardvreck Castle **[128 B4]**
Dreigeschossig erhebt sich die stattliche Ruine des um 1490 vom Clan MacLeod erbauten Castle in der wilden Einsamkeit am Ufer des Loch Assynt. 40 km nördlich von Ullapool

Beinn Eighe National Nature Reserve **[122 C2]**
★ Naturpfade erschließen das geologisch und naturkundlich hochinteressante und schöne Gebiet südlich des Loch Maree. Bei Kinlochewe liegt das *Aultroy Visitor Centre, im Sommer tgl. geöffnet,* das über dieses erste Naturschutzgebiet Großbritanniens informiert. Bei Shatterdale ist ein Spaziergang zu den *Victoria Falls,* den nach Queen Victoria benannten Wasserfällen, ausgeschildert. 75 km südlich von Ullapool

Ben Hope **[130 C3]**
Auf knapp 1000 m erhebt sich der Berg im nördlichen Hochland inmitten einer wilden Urlandschaft. 155 km nordöstlich von Ullapool

Corrieshalloch Gorge **[128 A6]**
Enge, 60 m tiefe Schlucht mit den Wasserfällen von Measach bei Braemore, die fast 50 m herabstürzen. Ausblick von der Hängebrücke. 20 km südöstlich von Ullapool

MARCO POLO Highlights »Nördliches Hochland«

★ **Beinn Eighe National Nature Reserve**
Naturkundlich und geologisch hochinteressantes Wandergebiet (Seite 71)

★ **Cape Wrath**
Land's End im hohen Norden (Seite 72)

★ **Inverewe Gardens**
Höhepunkt der schottischen Garten- und Parkanlagen (Seite 74)

★ **Inverpolly National Nature Reserve**
Geologische Lehrstunde in wilder Natur am Knockan Cliff (Seite 73)

★ **Lochinver**
Ein besonders schöner Küstenplatz (Seite 73)

★ **Wester-Ross-Küstenstraße**
Malerische Strecke an der Westküste (Seite 75)

Jagdtrophäen in Dunrobin Castle

Dunrobin Castle **[129 D6]**
In der Pracht seines Neo Baronial Style (1845–50) ist das Schloss der Earls und Dukes von Sutherland ein schottisches Neuschwanstein. Es spiegelt auch in der Ausstattung der 150 Räume den Reichtum seiner Besitzer wider, einst die größten Grundherren Westeuropas, denen fast das ganze nördliche Hochland gehörte. Prächtig auch die Park- und Gartenanlagen. *Ostern und Mai–Mitte Okt. Mo–Sa 10.30 bis 16.30, Juni–Sept. bis 17.30 Uhr.* 112 km östlich von Ullapool

Durness **[128 C3]**
Der kleine, bescheidene Ferienort (350 Ew.) im äußersten Nordwesten liegt an grandioser Felsküste. Hauptattraktion ist ★ *Cape Wrath,* 22 km nordwestlich. An der 120 m hohen Felsküste, dem »Kap des Zorns«, steht ein Leuchtturm von 1828. Bei Clo Mor ragen die Klippen 300 m aus dem Meer. Im Sommer mit kleiner Fähre und Minibus von Durness aus zu erreichen. Unterkunft: *Parkhill Hotel (15 Zi., Tel. 01971/51 12 09, Fax 51 13 21, €–€€)* oder Bed & Breakfast. 115 km nordöstlich von Ullapool

Eas Coul Aulin Falls **[128 B4]**
Dieser größte und imposanteste Wasserfall Großbritanniens (200 m) liegt am Ende des Loch Glencoul, 4,5 km westlich der A 894 zwischen Skiagg Bridge und Kylstrome. 53 km nordöstlich von Ullapool

Gairloch **[122 B1]**
Der schön gelegene Ferienort am Meer ist wegen des weiten Sandstrandes ein Badeparadies; zahlreich die Hotels, Pensionen und Privatquartiere. Interessant die Ausstellung zum Leben in den West Highlands im *Gairloch Heritage Museum, April–Okt. Mo–Sa 10–17 Uhr.* 85 km südwestlich von Ullapool

Golspie **[129 D6]**
Hübscher, kleiner Badeort nahe dem Dunrobin Castle. Das Städtchen empfiehlt sich als Standquartier, als Ausgangspunkt für Ausflüge in der alten Grafschaft Sutherland sowie für Golfspieler: *Golf Links Hotel, 9 Zi., Church Street, Tel. 01408/63 34 08, Fax 63 41 84, €.* 112 km östlich von Ullapool

Handa Island Nature Reserve **[128 A3]** Insider Tipp
Auf der noch im 19. Jh. von zwölf Familien bewohnten Insel nisten

heute Tausende von Seevögeln: u.a. Dreizehenmöwen, Kormorane, Eissturmvögel. *Per Boot ab Tarbet, April–Sept., Tel. 01971/50 23 40.* 75 km nördlich von Ullapool

Helmsdale **[129 E5]**
Der kleine Fischerhafen war um 1869 Schauplatz eines Goldrauschs im Hochland. Das *Timespan Heritage Centre (Dunrobin Street, Ostern–Mitte Okt. tgl. 9.30–17, Juli/Aug. bis 18 Uhr)* entführt in die bewegte Vergangenheit. 114 km östlich von Ullapool

Inverpolly National Nature Reserve **[128 A–B5]**
★ In wilder, einsamer Gegend liegt im Naturschutzgebiet das *Knockan Crag*, mit Besucherzentrum und hochinteressantem Lehrpfad, der wie in einem Buch die Erdgeschichte nahe bringt. *Ende Mai–Mitte Sept. Mo–Fr 10–17.30 Uhr.* 25 km nördlich von Ullapool

Insider Tipp

John o'Groats **[129 F3]**
Hier im nordöstlichen Zipfel Schottlands baute der Holländer Jan de Groot im 16. Jh. ein achteckiges Haus mit acht Türen und acht Fenstern, um Zwist unter seinen Erben vorzubeugen. Den Platz, wo das Haus stand, bezeichnet ein Fahnenmast beim *John o'Groats House Hotel (20 Zi., Tel. 01955/61 12 03, Fax 61 14 08, €€).* Von hier schöner Spaziergang zum Kap *Duncansby Head* mit Leuchtturm. Südlich davon liegen die *Duncansby Stacks*: drei riesige Felsspitzen im Meer. 224 km nordöstlich von Ullapool

Kinlochbervie **[128 B3]**
Der Fischerhafen an zivilisationsferner Küste bietet absolute Ruhe. *Old School Hotel* mit gutem Restaurant, *6 Zi., Tel./Fax 01971/52 13 83, www.host.co.uk, €–€€.* 100 km nördlich von Ullapool

Lochinver **[128 A4]**
★ Lohnender Abstecher von der nordwärts führenden Straße in den idyllischen Fischerort. Versäumen Sie nicht, ins winzige Dorf Achmelvich zu fahren. Dort breitet sich ein herrlicher Strand aus. Unterwegs kommt man an der Ruine von *Ardvreck Castle* am Loch Assynt vorbei. 60 km nördlich von Ullapool

Urtümliches Zottelvieh

Schon die alten Skoten züchteten das robuste Hochlandrind

Das Highland Cattle gehört zum Hochland wie die Bens, Glens und Lochs. Es ist mit seinem goldfarbenen, zotteligen Fell und den langen Hörnern prächtig anzuschauen und erfreut sich besonders bei Hobbyzüchtern großer Beliebtheit. Das Fleisch des Urviechs ist von bester Qualität, mager, feinfaserig und kräftig im Geschmack. Der wirtschaftliche Nutzen scheint indes allgemein nicht groß zu sein, denn heute grasen immer mehr schwarzbunte Importkühe auf den Hochlandweiden.

Kunstvolle Gartenanlage: Inverewe Gardens bei Poolewe

Poolewe **[122 B1]**
Am tief ins Land eindringenden Meeresarm Loch Ewe liegt der malerische kleine Ferienort Poolewe. 1,5 km nördlich erstrecken sich die weltberühmten ★ *Inverewe Gardens,* die als schönste Gartenanlage im nordwestlichen Hochland gelten. Ab 1862 wurde hier an der Küste bei Gairloch von Osgood MacKenzie saurer Moorboden mit Terrassen, Wällen und Wegen umgestaltet und mit exotischen Bäumen aus China, Tasmanien, Sri Lanka und dem Himalaja sowie mit Büschen und Blumen bepflanzt. *Mitte März–Okt. tgl. 10–21, Führung um 13.30 Uhr.* 80 km südwestlich von Ullapool

Insider Tipp **Summer Isles** **[128 A5]**
Direkt von Ullapool oder von Achiltibuie auf der nördlich gelegenen Halbinsel fahren Boote zu der Inselgruppe vor der Küste; die Hauptinsel ist *Tanera Mór.*

Thurso **[129 E3]**
Der früher bedeutende Fischereihafen (8800 Ew.) ist eine nüchterne, graue Stadt. Heute wird hier nur noch der rote Caithness-Sandstein verschifft. Im nahen *Scrabster* legt die Fähre zu den Orkneys ab. Östlich von Thurso schiebt sich das 130 m hohe Kap *Dunnet Head* mit Leuchtturm als nördlichster Punkt Schottlands ins Meer. Der Blick über den Pentland Firth zu den Orkney-Inseln und auf die Küste bis zum Ben Hope ist grandios. 230 km nordöstlich von Ullapool

Tongue **[128 C3]**
Herrlich am Kyle of Tongue an der Nordküste gelegener Ferienort (700 Ew.). Die Gegend um Ben Loyal und Ben Hope sowie das weite Tal *Strath Naver* weiter östlich gelten als gutes Wanderrevier. Der bei Bettyhill ins Meer strömende River Naver ist ein berühmter Lachsfluss. Insider Tipp Ein kleines *Museum* erzählt die Ge-

schichte der Highland Clearances, der Landvertreibungen im 19. Jh. 157 km nordöstlich von Ullapool

Torridon **[122 B2]**
Zu den beeindruckendsten Berglandschaften Schottlands zählt das Gebiet zwischen Loch Maree und Loch Torridon. Hier erheben sich die roten Sandsteingipfel des Beinn Eighe und Liathach über 1000 m hoch. Im *NTS Visitor Centre (Mo bis Sa 10–17, So 14–17 Uhr)* bei Torridon erfährt man alles über Geologie, Fauna und Wanderwege. 140 km südwestlich von Ullapool

Wester-Ross-Küstenstraße **[122 A3–C1]**
★ Das Wester-Ross-Hochland ist von kahler Weite und strenger Schönheit. Die Küstenstraße verläuft ab Kyle of Lochalsh über Plockton, Lochcarron, Applecross, Torridon, ab Kinlochewe auf der A 832 am Loch Marree entlang nach Gairloch, Poolewe und weiter der A 832 folgend zu den Falls of Measach und der Corrieshalloch Gorge auf der A 835 nach Ullapool *(ca. 170 km).*

Wick **[129 F4]**
Im Fischerstädtchen (7800 Ew.) wird das bekannte *Caithness Glass* geblasen, das man ab Hütte kaufen kann *(Airport Industrial Estate, Mo bis Sa 9–17 Uhr).* Sehenswert auch das *Wick Heritage Centre* mit Exponaten zur Stadtgeschichte, die eng mit dem einst einträglichen Heringsfang verbunden ist *(Bank Row, Juni–Sept. Mo–Sa 10–16 Uhr).* Das *Old Castle* am südlichen Ortsrand, heute nur noch Ruine, war eine der ersten Wikingerburgen in Schottland. 196 km östlich von Ullapool

Schafe statt Menschen

Die Vertreibung der Kleinbauern aus dem Hochland

Besonders dünn ist das nördliche Hochland besiedelt, die ehemalige Grafschaft Sutherland. Bis heute kann man hier aber die Spuren ehemaliger Siedlungen in der baumlosen Landschaft, Mauerreste und üppigeren Graswuchs, ausmachen. Anfang bis Mitte des 19. Jhs. waren das Hochland und die Inseln Schauplätze der erbarmungslosen Vertreibung wehr- und rechtloser Kleinbauern durch die Grundherren. Bei diesen so genannten *Highland Clearances* mussten die Menschen den Schafen weichen, von denen sich die Grundbesitzer größeren Profit versprachen. Tausende der Vertriebenen wanderten in die Vereinigten Staaten und nach Kanada aus. Besonders rücksichtslos ging der später in den Adelsstand erhobene George Levenson Gower vor, ein Industrieller, der in die alte Familie Sutherland eingeheiratet hatte und der wegen seines immensen Vermögens »Leviathan des Reichtums« genannt wurde. Mit 2,6 Einwohnern pro Quadratkilometer ist der Nordwesten Schottlands bis heute eine der am dünnsten besiedelten Regionen Europas.

EVINRUDE
29966

Lobeshymnen auf die Schöpfung

Die rauen Inseln zwischen Nordsee und Atlantik sind Traumziele für Vogel- und Naturfreunde

Die Bucht von Scapa Flow war während des Ersten und Zweiten Weltkriegs Kriegsschauplatz

Die nördlich gelegene Inselgruppe der Orkneys gehört zu Schottland, ist aber keine Fortsetzung des Hochlandes, sondern eine Welt für sich. Die Orkney-Inseln, das sind 18 bewohnte und 50 unbewohnte Inseln und Eilande. Die 19 000 Einwohner haben knapp 1000 km^2 für sich, ihre 100 000 Kühe und einige hunderttausend Schafe. Was die Orkneys für Besucher so faszinierend macht, ist die bewegte Geschichte, deren zahlreiche steinzeitliche Hinterlassenschaften zu den bedeutendsten in Westeuropa gehören: das Steinzeitdorf Skara Brae, das Steinzeitgrab Maeshowe und Steinkreise, dazu piktische Gräber und die Ruinen der Wikingersiedlungen; die Orkneys waren immerhin bis 1468 norwegisch. Dazu kommt eine Natur, die mit mehr als einer Million nistender Seevögel und einer speziellen Flora begeistert.

Die Shetlands, mit dem amtlichen Namen Zetland, liegen fast genauso weit von Norwegen entfernt wie von Schottland – nämlich etwa 160 km –, aber keineswegs aus der Welt: Ständig verbesserte Flug- und Schiffsverbindungen machen die Anreise unproblematisch. Gewiss handelt es sich bei den 100 Shetland-Inseln (1426 km^2), von denen 15 ständig bewohnt sind, um ein lohnendes Urlaubsziel. Sie sind zu vielseitig und interessant, um nur mal schnell von Aberdeen oder Stromness aus besichtigt zu werden. Insgesamt leben 24 000 Menschen auf den Inseln, davon 13 000 auf der größten Insel Mainland mit der Hauptstadt Lerwick. Zwar gehört Shetland wie Orkney seit 1468 zu Schottland, doch man könnte meinen, die Inselgruppe sei noch immer ein Teil Skandinaviens. Das nordische Erbe ist in Kultur, Mundart und Ortsnamen lebendig, man pflegt die alten Wikingertraditio-

Lerwick, die Hauptstadt Shetlands, ist ein schöner, kleiner Fischerort

Kirkwall: Bürgerhäuser und Kirkwall Hotel am Hafen

nen, und selbst die Boote der Insulaner sind Nachbildungen der wikingischen Langschiffe. Von den robusten, kleinen Shetlandponys, die heute weltweit verbreitet sind, heißt es, dass sie schon in der Bronzezeit hier lebten. Für Vogelfreunde ist Shetland ein Paradies: Auf den Inseln nisten Millionen Seevögel wie Papageitaucher, Tölpel und Eissturmvogel.

KIRKWALL

[130 B3] Die Hauptstadt der Orkneys (6000 Ew.) mit ihren grauen, wetterfesten Häusern, die sich eng aneinanderdrängen, überrascht Besucher mit einer herrlichen Kathedrale aus rötlichem Sandstein. St. Magnus ist keine Ruine, sondern trotz ihrer 850 Jahre so gut erhalten wie kaum ein anderes Gotteshaus in Schottland. Da es auf den Orkneys keine nennenswerte Industrie gibt und die administrativen Aufgaben sich in Grenzen halten, verläuft das Leben weitgehend ohne Hektik und lästigen Autoverkehr.

SEHENSWERTES

Bishop's Palace
Das Bistum Orkney gehörte einst zu Bremen-Hamburg. Neben der Kathedrale steht die Ruine des im 13. Jh. erbauten Bischofspalastes aus rötlichem Sandstein; der runde Turm stammt aus dem 16. Jh. *April bis Sept. Mo–Sa 9.30–18.30 Uhr*

Earl's Palace
Der Grafenpalast von 1607 neben dem Bischofspalast gilt als bestes Beispiel der Renaissance in Schottland. *April–Sept. Mo–Sa 9.30 bis 18.30 Uhr*

St. Magnus Cathedral
Der mächtige Bau wurde 1137 von dem Wikingernachfahren Jarl Rognvald zu Ehren seines Oheims, des heiligen Magnus, errichtet, dessen Gebeine 1919 in einem der Pfeiler gefunden wurden. Der Baustil ist spätromanisch mit frühgotischen Ergänzungen, die ornamentale Ausschmückung anglonormannisch. *April–Sept. Mo–Sa 9–17, Okt. bis März 9–13 Uhr*

MUSEUM

The Orkney Museum
Im 16. Jh., als die Orkney-Inseln Handel mit der halben Welt trieben, wohnten die reichen Kaufleute in Häusern wie diesem. Stolz und Eigensinn der Besitzer sieht man dem Gebäude noch an. Zu dem robusten Steinbau von 1574 gehören ein Hof und Garten. Interessantes zur Archäologie, Natur und Kulturgeschichte der Inseln. *Mo–Sa 10.30 bis 17, Mai–Sept. auch So 14–17 Uhr*

ESSEN & TRINKEN

Creel Inn and Restaurant Insider Tipp
Südlich von Kirkwall auf South Ronaldsay liegt das für seine ausgezeichnete Küche bekannte Restaurant; Meeresfrüchte sind die Spezialität. *St. Margaret's Hope, Tel. 01856/83 13 11,* €

ÜBERNACHTEN

Albert Hotel
Zentral in Kirkwall gelegenes, gepflegtes Traditionshotel mit komfortablen Zimmern. *19 Zi., Mounthoolie Lane, Kirkwall, Tel. 01856/ 87 60 00, Fax 87 53 97, www.alberthotel.co.uk,* €€

Ayre Hotel Insider Tipp
Das pittoreske und gemütliche, dennoch stilvolle und sehr komfor-

MARCO POLO Highlights »Orkneys und Shetlands«

★ **Maeshowe**
Das größte Kammergrab Europas auf den Orkneys (Seite 80)

★ **Ring of Brodgar**
Frühgeschichtliche Steinmagie (Seite 80)

★ **Skara Brae**
Ein fast komplett möbliertes Steinzeitdorf (Seite 80)

★ **Fair Isle**
Ein Rastplatz der Zugvögel mitten im Atlantik (Seite 82)

★ **Jarlshof**
Bedeutendste Ausgrabungsstätte Shetlands (Seite 83)

★ **Mousa Broch**
Piktischer Wehr- und Wohnturm (Seite 83)

table Hotel liegt am Hafen. Die *Bar* ist der Treffpunkt des Ortes. Buchen Sie ein Zimmer mit Meerblick! *33 Zi., Ayre Road, Tel. 01856/87 30 01, Fax 87 62 89, www.ayrehotel.co.uk, €€€*

AUSKUNFT

Tourist Information Centre
Broad Street, Tel. 01856/87 28 56, Fax 87 50 56, www.visitorkney.com

ZIELE IN DER UMGEBUNG

Insider Tipp **Brough of Birsay** [130 A2]
Nur bei Ebbe gelangt man auf das Felseiland, auf dem die Reste piktischer Gräber und einer romanischen Kirche liegen. Eine eindrucksvolle Ruine im Ort Birsay ist *Earl's Palace* (16. Jh.), gebaut von den Earls von Orkney. 29 km nordwestlich von Kirkwall

Maeshowe [130 A3]
★ Das Steinzeitgrab (ca. 2500 v. Chr.) ist das bedeutendste seiner Art in Westeuropa: 11 m langer Zugang von 1,20 m Höhe, innen 5,40 m hohe Wände aus Steinplatten mit Wikingerinschriften. *Mo–Sa 9.30 bis 18, So 14–18 Uhr.* 14 km westlich von Kirkwall

Ring of Brodgar [130 A3]
★ Von den ursprünglich 60 Steinen stehen noch 27, die höchsten messen 5 m. Der Steinkreis ist von einem tiefen Ringgraben umgeben. 23 km nordwestlich von Kirkwall

Scapa Flow [130 A–B4]
Nach dem Ersten Weltkrieg war hier die deutsche Flotte (70 Schiffe) interniert. Sie wurde im Juni 1919 von den eigenen Leuten durch Öffnen der Bodenventile versenkt. Im Zweiten Weltkrieg wurde die Bucht als Stützpunkt der britischen Flotte angegriffen und das Schlachtschiff »Royal Oak« durch ein U-Boot versenkt. Daraufhin ließ Churchill die nach ihm benannte Barriere bauen, einen Betonwall, über den die zwei südlich von Mainland gelegenen Inseln per Auto zu erreichen sind. Die *Italian Chapel,* eine einfache Kapelle auf Lamb Holm neben dem Damm, wurde von italienischen Kriegsgefangenen errichtet. Der unscheinbare Bau ist innen festlich bunt. Alle Dekorationen sind Trompe l'œil, gemalte Illusionen. *Scapa Flow Visitor Centre, Mo–Sa 9–16, So 10–16 Uhr.* 12 km südlich von Kirkwall

Skara Brae [130 A3]
★ Eine faszinierende Reise in die Vergangenheit beschert der Besuch des Steinzeitdorfes. Es ist einmalig gut erhalten, einschließlich der Möbel aus Steinplatten. Vor 4000 Jahren wurde das Dorf aus unbekannten Gründen von seinen Bewohnern verlassen und 1850 nach einem Orkan, der es freilegte, entdeckt. Fundstücke sind im Wärterhäuschen zu sehen. *Mo–Sa 9.30 bis 18.30, So 14–18.30 Uhr.* 30 km nordwestlich von Kirkwall

Standing Stones of Stenness [130 A3]
Von einem mächtigen Steinkreis sind vier bis zu 5 m hohe Steinriesen aus der Zeit um 3000 v. Chr. erhalten. *Nahe Ring of Brodgar.* 24 km nordwestlich von Kirkwall

Stromness [130 A3]
Neben Kirkwall die einzige Stadt (1800 Ew.) und Fährhafen vom und

Freigelegtes Steinzeithaus in Skara Brae

zum Festland. Stromness, heute ein malerisch friedvoller Ort, war jahrhundertelang wichtigster Hafen der Hudson Bay Company und Stützpunkt von Seefahrern wie Francis Drake und James Cook. Zu den besten Restaurants gehört das *Hamnavoe Restaurant, Tel. 01856/ 85 06 06, €€*. Übernachten im *Ferry Inn, 17 Zi., Tel. 01856/ 85 02 80, Fax 85 13 32, €*. Das *Stromness Museum* zeigt Überbleibsel der deutschen Flotte sowie interessante Sammlungen zu den Themen Fischfang und Seefahrt. *Tgl. 10–17 Uhr.* 30 km westlich von Kirkwall

Insider Tipp

LERWICK

[131 E4] Shetlands Hauptstadt (7200 Ew.) wirkt mit ihren fest gefügten und gepflegten Häusern aus grauem Stein, den schmalen Straßen und dem lebhaften Hafen grundsolide, aber nicht langweilig. Vom Ölgeschäft, das sich auf den größten Terminal Europas in Sullom Voe am Nordrand der Insel Mainland stützt, merkt man in der sympathischen Kleinstadt wenig.

SEHENSWERTES

Fort Charlotte

Das Fort mit hohen Wällen und seewärts gerichteten Kanonenpforten wurde 1672 zusammen mit Lerwick von den Holländern in Brand gesteckt und erst 1781 wieder restauriert. Gute Aussicht. *Freier Zugang*

Rathaus

Die bunten Glasfenster des Rathauses (19. Jh.) zeigen Figuren von Wikingern aus der Zeit, als Shetland zu Norwegen gehörte. Fensterrosen mit Wappenbildern von Städten, darunter Christiania, das heutige Oslo. *Nur Außenbesichtigung*

Die MARCO POLO Bitte

Marco Polo war der erste Weltreisende. Er reiste in friedlicher Absicht, verband Ost und West. Er wollte die Welt entdecken, fremde Kulturen kennen lernen, nicht zerstören. Könnte er heute für uns Reisende nicht Vorbild sein? Aufgeschlossen und friedlich sollte unsere Haltung auf Reisen sein. Dazu gehören auch Respekt vor Mensch und Tier und die Bewahrung der Umwelt.

MUSEUM

Shetland Museum
Anschauliche Darstellung des Lebens auf den Shetland-Inseln von der Vorgeschichte bis zur Gegenwart. *Lower Hillhead, Mo, Mi, Fr 10–19, Di, Do und Sa 10–17 Uhr*

ESSEN & TRINKEN

The Brasserie
Gepflegt speist man im Restaurant des *Lerwick Hotels. 15 South Road, Tel. 01595/69 21 66, €€*

ÜBERNACHTEN

Queen's Hotel
Komfortables Hotel in solidem Steinhaus am Hafen. *26 Zi., Commercial Street, Tel. 01595/692826, Fax 694048, www.kgqhotels.co.uk, €€*

Shetland Hotel
Moderne Fassade, dahinter jeder Komfort, inklusive Schwimmbad. *63 Zi., Holmsgarth Road, Tel. 01595/695515, Fax 695828, www.shetlandhotels.com, €€*

Solheim
Nettes, kleines Guest House in Zentrumsnähe. *5 Zi., 34 King Harald St., Tel./Fax 01595/69 52 75, €*

AM ABEND

Posers Nightclub
Gepflegte Unterhaltung zu später Stunde. *Grand Hotel, Commercial Street, Tel. 01595/69 28 26*

AUSKUNFT

Tourist Information Centre
Market Cross, Tel. 01595/693434, Fax 695807, www.shetland-tourisme.co.uk

ZIELE IN DER UMGEBUNG

Bressay Island **[131 E4]**
Die Insel gegenüber von Lerwick ist in 15 Min. per Autofähre zu erreichen. *Fähre tgl.* Ein schönes Wanderrevier.

Fair Isle **[0]**
★ Die Insel zwischen den Orkneys und Shetlands ist Rastplatz für Zugvögel. Herberge und Vogelstation. *Fähre Di, Do, Sa von Grutness; www.fairislebirdobs.co.uk*

Foula **[0]**
Von Walls verkehrt zwei-, dreimal pro Woche das Postboot; von Tingwall Flug mit Loganair. Die Insel (40 Ew.) mit 300 m hohen Felsklippen ist Nistplatz vieler Seevögel.

Jarlshof [131 E6]
★ Hier liegen die umfangreichen Reste von Siedlungen aus der Steinzeit über Bronze- und piktische bis zu Wikingerzeit und Mittelalter dicht bei dicht. Der Name Jarlshof hat dazu keinen Bezug, er stammt aus dem Roman »Der Pirat« von Sir Walter Scott. *Sumburgh Head, April–Sept. Mo–Sa 9.30–18.30, So 14–18.30 Uhr.* 35 km südlich von Lerwick

Mousa Broch [131 E5]
★ Besterhaltener *broch* (piktischer Wohnturm) Schottlands auf der unbewohnten Insel Mousa, 12 m hoch, mit einem Durchmesser von 15 m. *Überfahrt von Sandwick*

sider pp **Noss Nature Reserve** [131 E–F4]
Die Insel mit 180 m hohen Klippen ist Vogelschutzgebiet, hier nisten große Kolonien Alke, Tölpel, Lummen und Möwen. *Überfahrt von Lerwick ab 10 Uhr, www.shetlandwildlife.co.uk*

St. Ninian's Isle [131 E5]
Nur bei Ebbe von Mainland aus zu erreichen. Unter der Ruine einer Kapelle aus dem 12. Jh. wurde eine noch ältere Kirche ausgegraben, wobei man auf einen keltischen Silberschatz stieß. Heute im National Museum of Antiques in Edinburgh, Kopien im Shetland Museum, Lerwick.

Scalloway Castle [131 E4]
In der einstigen Hauptstadt von Shetland, Scalloway, steht die Ruine des um 1600 begonnenen Castle. Bauherr war der berüchtigte Earl Patrick Stewart. Nach seiner Hinrichtung 1615 verfiel die Burg. 95 km westlich von Lerwick

Shetland Crofthouse Museum [131 E5]
Wie die Kleinbauern einst lebten und arbeiteten, zeigt das original möblierte, strohgedeckte Haus (etwa 1860) mit den dazugehörigen Nebengebäuden. *Tgl. 10–13 und 14–17 Uhr.* 40 km westlich von Lerwick

Whalsay [131 E–F3]
Auf der Insel (1000 Ew.) lebt man hauptsächlich von Fischfang und -verarbeitung. In *Symbister* steht der *Bremen-Bod,* ein Lagerschuppen der Hanse aus dem 17. Jh. *Autofähre von Laxo oder Flug mit Loganair von Tingwall*

Yell [131 E2–3]
Old Haa, das älteste Gebäude auf der Insel in *Burravoe,* enthält eine Ausstellung über Fauna, Flora und Handwerk. *Tgl. außer Mo und Fr 10–16, So 14–17 Uhr*

Genügsame Bewohner der Shetlands

Von stolzen Burgen zu rauen Weiten

Die Touren sind in der Karte auf dem hinteren Umschlag und im Reiseatlas ab Seite 112 grün markiert

1 SCHOTTLAND EN MINIATURE: ABTEIEN IM GRENZLAND

Das Hochland lockt? Wer meint, das echte Schottland beginne erst eine Tagesreise nördlich von Edinburgh, sollte unbedingt durchs Grenzland The Borders streifen. Denn auch südlich von Edinburgh liegen großartige Ziele wie die im 13. Jh. gegründeten, romantischen Abteien und Städtchen Melrose, Kelso und Jedburgh oder Abbotsford House, einst Residenz von Sir Walter Scott. Die Route folgt anschließend dem Teviotdale, berührt das »Heiratsparadies« Gretna Green, zieht weiter über Dumfries, wo Sie in Burns Country kommen, Heimat des schottischen Nationaldichters, und stößt bei Stranraer auf die Küste. Immer am Meer entlang geht's nach Alloway, wo Burns' Geburtshaus steht. Sehr zu empfehlen ist eine Rundfahrt um die Insel Arran. Glasgow ist dann nicht mehr weit: Endstation und Stadtbesichtigung. Diese Rundfahrt ist rund 650 km lang, planen Sie 4–5 Tage ein.

Auf der A 702 verlassen Sie Edinburgh in südlicher Richtung. Nach 11 km, hinter Penicuik links ab, kommen Sie zur berühmten, reich skulptierten *Rosslyn Chapel* aus dem 15. Jh. *(S. 36)*. Die A 703 bringt Sie nach Innerleithen; südlich des Städtchens liegt das uralte *Traquair House.* Über Galashiels geht's weiter nach *Melrose (S. 35)*, in dessen romantischer Abteiruine das Herz von König Robert Bruce begraben sein soll. 5 km westlich des Städtchens besuchen Sie *Abbotsford House (S. 35)*, das sich der große Romancier Sir Walter Scott bauen ließ. Ein Katzensprung ist's von Melrose nach *Dryburgh Abbey* (Ruhestätte von Scott, *S. 35*), in einer Schleife des Tweed gelegen. Das Städtchen *Kelso (S. 35)*, 16 km östlich, ist eines der schönsten im Grenzland. Von seiner Abtei ist – höchst malerisch – nur der demolierte Turm der Kirche erhalten. Von der Brücke in Kelso hat man einen hinreißenden Blick auf *Floors Castle*, ein Prachtexemplar von Schloss, das 1721 nach Plänen von William Adam erbaut wurde.

Einen herrlichen Blick auf die Eildon Hills eröffnet Scott's View bei Melrose

Malerisch ragen die Ruinen von Dryburgh Abbey in den Himmel

Nächste Station ist *Jedburgh*, dritte Abteistadt, mit der imposanten Ruine der Klosterkirche. Durch das schöne Teviot-Tal rollen Sie dann gemütlich Richtung Südosten und landen in *Gretna Green (S. 29)* an der schottisch-englischen Grenze. Trauung oder nicht – weiter geht's in Richtung Dumfries. Ein Schlenker an die Küste bringt Sie zum *Caerlaverock Castle (S. 29)*, ehe Sie *Dumfries (S. 28)* erreichen und zu den Burns-Plätzen pilgern. Danach schmeckt eine *pint ale* oder *lager* im Globe Inn, wo der Poet oft einkehrte. Für anderen Kunstgenuss liegt das *Glenkiln Reservoir* nicht weit von Dumfries. Hier sind Plastiken aufgestellt, von denen Henry Moores »King and Queen« die bekannteste ist.

Der schöne Name *Sweetheart Abbey (S. 30)* lockt auf der D 710 südlich aus Dumfries heraus. Nach der Besichtigung lohnt sich der Umweg auf der Küstenstraße, um nach Castle Douglas zu gelangen, wo Sie das klotzige *Threave Castle* und die schönen *Threave Gardens (S. 30)* besuchen können. Überlegen Sie, ob Sie die kurze Strecke von der A 75 südlich zum reizenden Städtchen *Kirkcudbright (S. 30)* fahren, um *Broughton House*, Wohnsitz des Malers Edward Atkinson Hornel (1864–1933), und *MacLellan's Castle* (1582) zu besichtigen. Weiter auf der A 75 passieren Sie das hübsche Städtchen *Gatehouse of Fleet*, wo *The Mill on the Fleet* in einer alten Spinnerei zu besichtigen ist. Gleich nach dem Städtchen kommt *Cardoness Castle* (15. Jh., schöne Aussicht). Beim idyllisch gelegenen Newton Stewart zweigt nördlich die A 714 ab. Hier geht's zum *Galloway Forest Park*, der sich in seiner großartigen Einsamkeit in nichts von den »echten« Highlands unterscheidet. Am *Loch Trool (S. 29)* sollten Sie das Auto stehen lassen und auf dem Loch Trool Forest Trail (3–4 Stunden) wandern.

Die Hauptroute A 75 bringt Sie nach *Stranraer*, einem kleinen, wenig attraktiven Badeort und Fährhafen nach Belfast. *Castle Kennedy*, 7 km vor der Stadt an der A 75, ist nur eine Turmruine, doch lohnt sich der Besuch des nach französischem Vorbild angelegten Gartens. Ab Stranraer folgen Sie der A 77 an der Küste entlang nach *Girvan* (Überfahrt zur Vogelinsel *Ailsa Craig*, Hin- und Rückfahrt 4–6 Std., Auskunft beim *Tourist Information Centre*).

Nächste Station ist *Turnberry*, für Golfer ein Begriff, mit der Luxusherberge *Turnberry Hotel* und seinen weltberühmten Greens. Wenige Kilometer nordöstlich auf der A 77 liegt *Kirkoswald* mit *Souter Johnnie's Cottage*, während *Culzean Castle (S. 41)* an der Küstenstraße 719 nördlich von Turnberry liegt. Es folgen die Burns-Plätze *Ayr* und *Alloway (S. 41)* sowie *Ardrossan*, wo man zur *Insel Arran (S. 41)* übersetzen kann, ehe Sie über Paisley kommend schließlich die Randgebiete von *Glasgow (S. 36)* erreichen.

2 STAMMLAND DER CLANS: KÖNIGLICHE SOMMERFRISCHE

Die Rundfahrt beginnt in Edinburgh. Sie ist ca. 880 km lang und dauert 8 Tage. Über Stirling und The Trossachs geht es nordwärts in die Grampian Mountains, die den größten Teil des zentralen Hochlands einnehmen. Größere Städte gibt es hier nicht, Orte wie Pitlochry, Kingussie oder Aviemore leben vom Tourismus. Die Route führt weiter ins Strath (Tal) des Spey, wo Sie Whiskybrennereien besuchen können. Auf der Weiterfahrt Richtung Aberdeen folgt die Route zum Teil dem Castle Trail mit prächtigen alten Burgen. Von Aberdeen westwärts geht es in die Sommerfrische der Royals, das Dee-Tal mit Balmoral Castle und Braemar. Großartige Landschaft bietet auch das südlich Richtung Dundee verlaufende Glen Shee. Über das Golfer-Mekka St. Andrews und Kirkcaldy erreichen Sie wieder Edinburgh.

Von Edinburgh geht es auf der A 90 Richtung Forth Bridges (Gebühr), nach der Überfahrt biegen Sie links auf die A 985 Richtung Kincardine ab; unterwegs Besichtigung von *Culross (S. 35)*. Von Kincardine nehmen Sie die M 9, die Sie 3,2 km vor Stirling verlassen, um *Bannockburn Heritage Centre (S. 55)* zu besichtigen, das umfassend über die Schlacht von Bannockburn im Jahr 1314 informiert. *Stirling (S. 52)* ist ein weiteres wichtiges Etappenziel. Von hier folgen Sie der A 84 über *Doune (S. 55)* und kommen nach *Callander (S. 57)*, von wo die Rundfahrt auf der A 873 und A 821 durch das wildromantische Gebiet *The Trossachs (S. 57)* startet. Die A 84 führt weiter nordwärts in die grandiose Weite der Berge und Lochs. Sie kommen am Loch Earn vorbei, passieren das Dorf Killin mit den *Falls of Dochart (S. 55)* und folgen über rund 25 km dem Nordufer des Loch Tay. Bei der schön gelegenen Kleinstadt Aberfeldy liegt 2,5 km nordwestlich das sehenswerte *Castle Menzies*, das restauriert wird. In Ballinluig stoßen Sie auf die A 9. Über *Pitlochry (S. 57)*, den *Pass of Killicrankie*, wo eine großartige Strecke westlich zum Loch Tummel und Loch Rannoch abzweigt, sowie *Blair Castle (S. 55)* zieht sich die Straße durch die Einsamkeit der Grampian Mountains. Über mehr als 50 km gibt's keine nennenswerten Ansiedlungen, ehe die Straße bei Kingussie mit dem *Highland Folk Museum (S. 51)* ins Spey-Tal mündet. Über *Kincraig* erreichen Sie *Aviemore (S. 49)*. Der Aussicht wegen versäume man nicht die Sesselliftfahrt (15 Min.) auf den Cairn Gorm. Die Talstation liegt ein paar Kilometer östlich von Aviemore am Ende einer Nebenstraße. In Granton-on-Spey beginnt das »Königreich des Malzwhiskys«, wo auf dem *Malt Whisky Trail (S. 52)* berühmte Brennereien zum Besuch einladen. Die A 939/A 944 über *Tomintoul (S. 48)* führt auf Aberdeen zu. Unterwegs besichtigen Sie die Ruine von *Kildrummy Castle* (13. Jh.) und machen einen Abstecher nach *Leith Hall (S. 48)* und Huntly, mit Besuch des *Huntly Castle (S. 47)*. Südlich von How of Alford steht das oft fotografierte *Craigievar Castle (S. 47)*. Überhaupt ist die Gegend um *Aberdeen (S. 44)* ein echtes Burgenland. Besorgen Sie sich beim Touristenbüro das Faltblatt »Castle Trail«. Nach einem Abstecher zum südlich von Aberdeen gelegenen *Dunnottar Castle (S. 47)* folgen Sie der A 93 gen Osten durchs schöne Tal des Dee, mit *Balmoral Castle (S. 46)* und *Braemar (S. 47)*. Im Sommer sehr touristisch! Großartige Hochlandnatur erleben Sie auf der Fahrt durchs Glen Shee mit dem Pass *Devil's Elbow.* Halt dann wieder, um *Glamis Castle (S. 56)* zu besichtigen, ehe Sie in die milden Küstengefilde bei *Dundee (S. 55)* kommen. Vielleicht haben Sie Lust auf eine Runde Golf in *St. Andrews (S. 57)*, ehe es über Kirkaldy zurück nach Edinburgh geht?

Malerisch thront Dunnottar Castle bei Aberdeen auf einem Felsen

3 ABENTEUER HOHER NORDEN: BURGEN, INSELN, WILDE KÜSTE

Ausgangspunkt ist Glasgow, das längst den Ruf eines hässlichen Industriemolochs abgestreift hat. Schon wenige Kilometer nördlich beginnt feinste schottische Natur: Loch Lomond, die Höhen von Argyll, dann die Grampian Mountains mit dem Höhepunkt Ben Nevis (1343 m) bei Fort William. Nach einem Schlenker zum Loch Ness geht die Route westwärts zur Insel Skye. Von dort folgt sie der dramatisch-schönen Küste von Wester Ross und des nördlichsten Hochlands bis hinauf nach Durness und entlang der Nordküste bis zum Kap Duncansby Head. Hier oben setzt von Scrabster eine Autofähre zu den Orkneys über. Von Wick geht es abwärts auf der Küstenstraße über Dornoch nach Inverness. Diese Rundfahrt misst rund 750 km und dauert etwa 10 Tage. Liebhaber von Einsamkeit, weiten Räumen und rauem Wind entscheiden sich für diese Tour.

Von Glasgow führt die A 82 in einem Stück nordwärts bis Fort William. Aber lassen Sie sich Zeit: Die sanfte Schönheit von *Loch Lomond* sollten Sie ebenso in Ruhe genießen wie die raue von *Glen Coe (S. 61)*. Und wenn Sie in *Fort William (S. 59)* angekommen sind, genügt ein Blick zum Himmel, ob der Zeitpunkt günstig ist, *Ben Nevis (S. 61)* zu besteigen. Touristischer Rummel, allerdings amüsanter Art (»Nessie«!), erwartet Sie beim Besuch von Drumnadrochit am *Loch Ness (S. 97)*. Prächtig ist die A 887, die *Road to the Isles*, die Sie vom Loch Ness zur *Insel Skye (S. 65)* bringt. Die Rundfahrt um die Insel ist ein absolutes Must! Dann geht's auf der *Wester-Ross-Küstenstraße (S. 75)* über *Gairloch (S. 72)*, *Inverewe Gardens (S. 74)* und *Ullapool (S. 69)* nordwärts. Spektakulär ist die Strecke über Lochinver, Achmelvich und Drumbeg. (Insider Tipp) Vogelfreunde setzen zur *Insel Handa (S. 72)* von Scourie oder Tarbert über. In *Durness (S. 72)* ist ein Besuch von *Cape Wrath*, der nordwestlichsten Spitze Schottlands, ein großes Naturerlebnis. Von Durness folgen Sie der A 836 über *Tongue (S. 74)* bis *Thurso (S. 74)*, wo im nahen Scrabster die Autofähre zu den *Orkneys (S. 77)* ablegt. Wer genug Zeit hat, sollte diesen Inselausflug ebensowenig versäumen wie die Fahrt zum *Dunnet Head (S. 74)*, *Duncansby Head (S. 73)* und *John o'Groats (S. 73)*. Von Wick verläuft die Küstenstraße A 9 südwärts. Hier zeigt sich der hohe Norden Schottlands von seiner fruchtbaren Seite: Die Ostküste ist von Atlantikstürmen verschont und folglich auch nicht rau zerklüftet. Hier hat sich ein Nabob des 19. Jhs. mit *Dunrobin Castle (S. 72)* seinen Traum vom Schöner-Wohnen erfüllt. Sie fahren weiter nach *Dornoch (S. 51)*, sehen sich das hübsche Städtchen an und können – Lust und Laune vorausgesetzt – ein Gastspiel auf dem »green« beim Golfclub geben.

Der Endpunkt der Route, *Inverness (S. 48)*, ist als Drehscheibe des Hochlandtourismus auch ein gutes Standquartier für Ausflüge in die Umgebung. Auf jeden Fall steht das nahe *Culloden Moor (S. 51)* auf der Hitliste schottischer Sehenswürdigkeiten ganz oben.

Schön in Schwung – nicht nur beim Golf

Ob Golfen, Segeln, Rafting, Reiten oder Wandern – wer sportliche Betätigung in freier Natur liebt, kommt in Schottland auf seine Kosten

Eingefleischte Angler und Golfer schwärmen von Schottlands Gewässern und Greens, das war schon immer so. Neuerdings ist die Palette sportlicher bis abenteuerlicher Outdoor-Aktivitäten um etliche Glanzlichter bereichert. Auch dabei spielt die weite schottische Landschaft eine ausschlaggebende Rolle, ob beim Mountainbiking, Klettern, Rafting, Tauchen, Segeln oder auf Wanderungen – Experten garantieren, dass dabei für jedes Alter und Können das Passende geboten wird.

ANGELN

Schottland bietet für jeden Anglertyp das Richtige: wilde Küstengewässer, tiefe, fischreiche Lochs, saubere Flüsse. Alles, was man braucht, ist eine Erlaubnis, die Sie beim örtlichen Anglerverein oder beim Postamt erwerben können. In freiem Gelände sollte man sich vorher beim Touristenbüro über die Gepflogenheiten erkundigen. Auf den Orkneys ist es kostenlos. An der Küste werden Bootstouren angeboten, viele Hotels haben für Gäste eigene Fischgründe. Das Scottish Tourist Board gibt die Broschüre »Fish Scotland« heraus. Unter Anglern gelten die Meeresgewässer der Orkney- und Shetland-Inseln als Europas beste Reviere; ebenso die forellenreichen 300 Binnenseen des Archipels. Auskunft für Schottland: *Fishing Scotland, Roy Bridge, Invernessshire PH31 4AG, Tel./Fax 01397/71 28 12, www.fishing-scotland.co.uk*

Golf ist in Schottland Volkssport: Royal Dornoch Golfclub

DELPHIN- & WALEXPEDITION

Die schottische Küste bietet mit zahllosen Felsbuchten, Fjorden und Inseln nicht nur einer großen Zahl von Seevögeln Lebensraum und Nistplätze fern der Zivilisation, sie ist auch das ideale Revier für Delphine und Wale. Im *Moray Firth* z. B. ist der Große Tümmler beheimatet; andere Tümmler ziehen von hier bis in den Beauly und Cromarty Firth. Beobachtung mit dem Boot oder vom Ufer: *The Moray Firth Wildlife Centre, Spey Bay, Moray, Tel. 01343/82 03 39, www.mfwc.co.uk; Wild Country Expeditions, 5 Hartfield Gardens, Dumbarton G82 2DE, Tel. 01389/73 18 75*

GOLF

Golfen ist im Geburtsland dieses Sports nichts Exklusives, sondern gehört zum Alltag. Das bedeutet: Fast jeder Ort bietet ein *green* (an die 700 in Schottland). Mit Ausnahme der berühmten Clubs – wie Edinburgh, St. Andrews, Gleneagles und Turnberry – sind die Gebühren sehr niedrig. Die einzelnen Regionen (Borders, Edinburgh und Lothians, Perthshire, Aberdeen & Grampian) bieten einen Golfpass an, der freies Spiel bzw. Ermäßigung auf den Plätzen ermöglicht. Auskunft: *www.visitscotland.com* sowie bei *Thistle Golf (Scotland) Ltd., Suite, 427, The Pentagon Centre, 36 Washington Street, Glasgow G3 8AZ, Tel./Fax 0141/248 45 54, www.thistlegolf.co.uk.*

KANU- & KAJAKTRIPS

Die Lochs und Flüsse, aber auch die Küstengewässer mit ihren tief ins westliche Hochland greifenden Sealochs sind ideale Reviere für Trips im Kanadier, Kanu oder Kajak. Training und abenteuerliche Expeditionen in die wilden Gewässer der Äußeren Hebriden bietet *Hebridean Exploration, 19 Westview Terrace, Stornoway, Isle of Lewis HS1 2NP, Tel./Fax 01851/87 07 16, www.hebex.co.uk*, und *Loch Morlich Watersports, Glenmore Forest Park, Invernessshire PH21 1QU, Tel./Fax 01479/86 12 21, www.aviemore.co.uk/lochmorlich*

PARAGLIDING

Die Bens und Lochs um Fort William erlebt man durch die Lüfte gleitend beim Dual-Paragliding (Zweierflug mit dem Gleitschirm) von Nevis Range. Die Skistation mit Seilbahn ist im Sommer auch Ausgangspunkt von Bergwanderungen und für Mountainbiking. *»Allt Mor«, Inverroy, Roybridge, PH31 4AQ, Tel. 01397/71 21 88, Fax 71 20 91, www.active-highs.co.uk*

RADWANDERN & MOUNTAINBIKING

Besonders radfreundlich ist der flachere Ostteil Schottlands von den Borders nordwärts. Hier entstehen neue Radrouten, z. B. die Cycleways zwischen Edinburgh und Dundee. Populär ist Mountainbiking in den Highlands. Besonders der Leanachan Forest in der Nevis Range ist ein Mekka der Biker mit Routen aller Schwierigkeitsgrade. Veranstalter: *Off Beat Bikes, 117 High Street, Fort William, PH33 6DG, Tel./Fax 0139/70 40 08, www.offbeatbikes.co.uk;*
Scottish Border Trails, Drummore, Venlaw High Road, Peebkles EH45 8RL, Tel. 01721/72 03 36, Fax 72 30 04, Arthur@trails.scottish-borders.co.uk;
Downhill Bike Track, Nevis Range, Torlundy, Fort William PH33 6SW, Tel. 01397/705 80 25, Fax 70 58 54, www.nevis-range.co.uk;
Scottish Cycling Holidays, 87 Perth Street, Blairgowrie, Perthshire, PH10 6DT, Tel. 01250/87 61 00, Fax 87 33 83, www.scotcycle.co.uk

Insider Tipp

RAFTING

Die Gebirgsflüsse der Highlands können ganz schön toben. Das freut Raftingfans. Rafting im Gummifloß (mit Schwimmweste und Sturzhelm!) oder das Meistern von

Stromschnellen im Kajak kann man gut um Fort William, z. B. auf dem River Spean, praktizieren.
Snowgoose Mountain Centre, The Old Smitty, Station Road, Corpach, Fort William, Invernessshire PH33 7JH, Tel. 01397/77 24 67, Fax 77 24 11, www.host.co.uk;
Monster Activities, South Laggan, By Spean Bridge, Invernessshire PH34 4 AE, Tel. 01809/50 13 40, Fax 50 12 18, www.monsteractivities.com

REITEN & PONYTREKKING

Die weite Landschaft der Borders mit ihren sanften Kuppen ist ein ideales Trekkingland. Zahlreiche Ställe und Reitcenter organisieren Tages- und Wochentrips. Auch die Highlands locken zu unvergesslichen Ausritten. Südlich von Edinburgh liegt ein Reitcenter, das Trekking mit Islandpferden anbietet: *Pentland Hills Icelandics, Windy Gowl Farm, Carlops EH26 9NL, Tel./Fax 01968/66 10 95, www.phicelandics.co.uk;*
Argyll Trail Riding, Castle Riding Centre, Brenfield, Ardrishaig, Argyll, PA30 8ER, Tel. 01546/60 32 74, Fax 60 32 25, info@brenfield.demon.co.uk;

Reiter auf der Insel Arran

British Horse Society, Stoneleigh Deer Park, Kenilworth, Warwickshire CV8 2XZ, Tel. 08701/20 22 44, Fax 70 78 00, www.bhs.org.uk

SEGELN & WINDSURFEN

Die schottische Westküste ist mit ihren zahllosen Fjorden und vorgelagerten Inseln ein klassisches Segelrevier. Zentrum ist Rothesay Bay auf der Isle of Bute. Für Windsurfer ist die Saison temperaturbedingt kurz; an den Küsten herrschen aber oft ideale Bedingungen. Infos über Häfen, Gebühren, Charteradressen, Segelschulen etc. geben *Sail Scotland Ltd., P. O. Box 8363, Largs KA30 8YD, Tel. 01309/67 67 57, Fax 67 33 31, info@sailscotland.co.uk* und *Galloway Sailing Centre, Loch Ken, Castle Douglas, Kirkcudbrightshire, Tel./Fax 01644/42 06 26, www.Lochken.co.uk.*

WANDERN

Das ist weit gefasst: Zu Fuss in Schottland schließt den gemütlichen Spaziergang ebenso ein wie die zünftige Wanderung auf Küsten- und Hochlandpfaden oder echte Bergtouren (Kletterpartien mit Seil!). Für Langstreckenläufer gibt es Fernwanderwege wie den West Highland Way (153 km), den Southern Upland Way (341 km) oder den Speyside Way (135 km).
www.west-highland-way.co.uk;
About Argyll Walking Holidays, The Old Inn, Strachur, Argyll PA27 8DG, Tel. 01369/86 02 74, Fax 86 07 12;
North West Frontiers, Tigh na Creig, Garve Road, Ullapool IV2 6 2SX, Tel./Fax 01854/61 26 28, www.nwfrontiers.com

Spielen, staunen, lernen ...

Verwunschene Schlösser und Burgen, Hexen und Seeungeheuer beflügeln die Phantasie. Dazu gibt's eine grandiose Natur und kurioses Brauchtum

Viel Spaß und manches Abenteuer hält Schottland für Kinder aller Altersgruppen bereit. In den letzten Jahren hat die Zahl von Freizeitparks mit Attraktionen wie Spaßbädern, Sportanlagen, Zoos und Abenteuerspielplätzen stark zugenommen – besonders im Süden des Landes. Viele Schlösser, Museen und Hotels locken Familien mit Spielplätzen und Aktivitäten für Kinder. In puncto Unterkunft kann man meist mit Ermäßigungen für Kinder rechnen. Besonders günstig übernachtet man im Familienzimmer einer Jugendherberge der *Scottish Youthhostel Association*, in einer der unabhängigen Jugendherbergen und in Hostels auf dem Land.

DER SÜDEN

Auld Reekie Tours **[U D3]**
Dass es früher in Edinburgh von Hexen und Geistern wimmelte, können Sie auf einer Gänsehauttour durch die unterirdische City zu versteckten Gewölben, Hexentempeln, Folterkammern und Kerkern erleben (für Kinder ab ca. 8 Jahre). *Edinburgh, 45 Niddry Street, bei High Street, Tel. 0131/557 47 00, www.auldreekietours.co.uk*

Auch bei der Kindermode liegt das Schottenkaro voll im Trend

Biggar Puppet Theatre **[114 B–C3]**
Zauberhaftes viktorianisches Marionettentheater. Nach der Vorstellung können die Kleinen ins *Puppetry Museum* gehen und in der *play area* spielen. *Biggar, Broughton Road, Tel. 01899/22 06 31, www.purvespuppets.com, Ostern–Aug. Di–Sa 10–16.30 Uhr, Mo und So für Vorstellungen, alle Plätze 5 £*

Deep Sea World **[114 C1]** Insider Tipp
Die Wunder und Geheimnisse des Meeres offenbaren sich im größten Aquarium Schottlands. Da tummeln sich hinter Glas Haie, Piranhas, Zitteraale und bunte Fischschwärme. *North Queensferry, Tel. 01383/41 18 80, www.deepseaworld.com, April–Juni tgl. 10–18, Juli/Aug. bis 18.30, sonst 11–17, Sa/So 10–18 Uhr, Erw. 7.95 £, Kinder bis 3 J. frei, bis 15 J. 5.75 £*

Dunbar Leisure Pool **[119 D6]**
Im Wellenbad plantschen, durch die Wasserröhre ins Becken sausen,

an Geräten turnen oder im Kinderhort spielen – ab 3 Jahre. Mit Café. *Dunbar, Castle Park, Tel. 01620/ 82 78 10, tgl. 8–19 Uhr, Erw. 2,20 £, Kinder 1,40 £*

Edinburgh Zoo **[114 C2]**
In schöner Hügellandschaft leben über 1000 Tiere, darunter so seltene wie das Weiße Nashorn oder Gorillas. Berühmt ist der Welt größter Pinguinpool. Café, Restaurant, Kinderspielplatz, Picknickplätze. *Murrayfield, Tel. 0131/334 91 71, www.edinburghzoo.org, April bis Sept. tgl. 9–18, Okt.–März 9–17 Uhr, Erw. 8 £, Kinder (ab 3 Jahre) 5 £*

Hirsel Country Park in Coldstream **[115 F4]**
Schöner Landsitz mit historischem Museum, Werkstätten für Glas, Leder, Töpferei. Die Puppenhäuser begeistern Groß und Klein; Spielplatz, Tearoom, Picknickplätze. *Coldstream, Tel. 01890/88 28 34, www.hirselcountrypark.co.uk, Mo–Fr 10–17, Sa/So 12–17 Uhr, nur Parkgebühr 2 £*

Insider Tipp **Jedforest Deer and Farm Park** **[115 E4]**
Wie auf einem Bauernhof heute gearbeitet wird, kann man hier bei Führungen erleben. Neben Hirschen werden auch seltene Haustierrassen gezüchtet. Besondere Attraktion: abgerichtete Raubvögel. *Mervinslaw Estate, Jedburgh, Tel. 01835/84 02 66, www.aboutscotland.com/jedforest, Mai–Ende Aug. tgl. 10–17.30, Sept.–April 11 bis 16.30 Uhr, Erw. 4 £, Kinder 2.50 £*

The Museum of Scottish Country Life **[114 A2]**
Das 2001 in Kittochside südlich von Glasgow eröffnete Museum gilt als bestes seiner Art in Großbritannien. Zu neuem Leben erwacht ein historischer Bauernhof, man erlebt Ackerbau und Viehzucht einst und heute. *Wester Kittochside, East Kilbride, Tel. 0131/247 43 77, www.nms.ac.uk, tgl. 10–17 Uhr, Erw. 3 £, Kinder bis 18 Jahre frei*

Museum of Transport **[117 F6]**
Alles, was fährt: vom Pferdewagen über Lokomotiven bis zu Jackie Stewarts Formel-1-Rennmaschine. Außerdem ist eine Sammlung von Modellen der in Glasgow gebauten Ozeanriesen zu bewundern. *Kelvin Hall, Bunhouse Road, www.glasgow.gov.uk, Mo–Sa 10–17, So 11 bis 16 Uhr, Eintritt frei*

Our Dynamic Earth **[115 D2]** Insider Tipp
Mit dramatischen Spezialeffekten der neuesten Technik wird hier die Geschichte von Mutter Erde vorgeführt: Vulkane, Erdbeben, Eiszeit, tropische Regenstürme. Geeignet für Kinder ab etwa 8 Jahre. *Beim Palace of Holyrood House, Holyrood Road, Tel. 0131/550 78 00, www.dynamicearth.co.uk, April bis Okt. tgl. 10–18, sonst Mi–So 10 bis 17 Uhr, Erw. 8.95 £, Kinder 5.45 £*

Scottish Seabird Centre in North Berwick **[115 E2]**
150 000 Seevögel nisten auf den Inseln vor der Küste von North Berwick, Schottlands Vogelstadt. Das erstklassige Centre bringt die faszinierende Vogelwelt durch Ausstellungen und mit Ferngläsern auf der Aussichtsterrasse nahe. Café und Restaurant. *The Harbour, Tel. 01620/89 02 02, www.seabird.org, im Sommer tgl. 10–18, im Winter 10–16 Uhr, Erw. 4.95 £, Kinder 3.50 £, bis 5 Jahre frei*

The Tall Ship at Glasgow Harbour **[117 F6]**
Auf der stolzen, über 100 Jahre alten Dreimastbark »Glenlee« können Kinder auf die Suche nach der Schiffskatze »Lock« gehen und Piraten begegnen. *Glasgow Harbour, 100 Stobcross Road, Tel. 0141/222 25 13, www.thetallship.com, tgl. 10–17 Uhr, Familienkarte 10 £*

ZENTRALES HOCHLAND

Blair Drummond Safari & Adventure Park **[118 A5]**
Löwen räkeln sich im Gras dieses Autosafariparks, Giraffen zupfen Blätter vom Baum, Nashörner wedeln mit den Ohren. Kinder haben besonders an den Vorführungen der Seelöwen ihren Spaß; Abenteuerspielplatz. *Blair Drummond, Tel. 01786/84 13 96, www.safari-park.co.uk, April–Sept. tgl. 10–17.30 Uhr, Erw. 8.50 £, Kinder bis 14 J. 4.50 £*

The Scottish Wool Centre **[117 F4]**
Alles rund um die Wolle: Nicht nur, dass alle einschlägigen Produkte zu kaufen sind – vorgeführt wird auch die Schafschur, und in spannenden Shows kann man erleben, wie die intelligenten Border Collies mit den Schafen arbeiten. *Aberfoyle, Off Main Street, Tel. 01877/38 28 50, April–Okt. 10–18, sonst bis 17 Uhr, Shows Erw. 4 £, Kinder 3 £*

WESTLICHES HOCHLAND

Landmark Forest Heritage Park **[123 F4]**
Spaß, Abenteuer und Lehrreiches aufregend kombiniert: ob Wildwasserbahn, Dschungellabyrinth, Abenteuerspielplatz oder Vorführung der Dampfsäge – jedes Alter kommt auf seine Kosten. *Carrbridge, Tel. 0147/84 16 13, www.landmarkcentre.co.uk, April–Okt. tgl. 10–18, Juli/Aug. bis 21, im Winter bis 17 Uhr, Erw. 7.95 £, Kinder 5.95 £ (bis 4 Jahre frei)*

Mallaig Marine World **[122 A4]**
Was alles im Meer vor der schottischen Westküste schwimmt und krabbelt, ist in dem hochmodernen Museum durch Modelle, Fotos und Video zu erleben. *Mallaig, Tel. 01687/46 22 92, www.road-to-the-isles.org.uk, Mo–Sa 9–18 (Juli/Aug. bis 19), So 11–18 Uhr, Erw. 3.50 £, Kinder 2.50 £*

Mull Rail **[116 B–C2]**
Mit Dampflok und bunten Waggons schnauft die Schmalspurbahn auf der Insel Mull von Craignure nach Torosay Castle. *Old Pier Station, Craignure, Isle of Mull, Tel. 01680/81 24 94, www.mullrail.co.uk, Ostern–Mitte Okt. tgl. 11–17 Uhr, Erw. 3.30, Kinder 2.20 £*

Ob »Nessie« wohl echt ist?

The Original Loch Ness Monster Exhibition Centre **[123 D4]**
Hier in Drumnadrochit erfährt man alles über das Monster »Nessie«. *Im Sommer tgl. 9–20 Uhr, im Winter 10–15.30 Uhr; Drumnadrochit, Tel. 01456/45 03 42, www.lochness-centre.com, Erw. 5.95 £, Kinder (7–16 J.) 3.50 £*

Angesagt!

Was Sie wissen sollten über Trends, die Szene und Kuriositäten in Schottland

Echt schottisch: »Texas«
In der internationalen Musikszene mischen schottische Popbands kräftig mit, z. B. »Texas«, »Wet Wet Wet«, »Garbage« und »Primal Scream«. Toll finden viele junge Schotten die Musik von »Runrig« und »Capercaille«, die englisch und gälisch singen. Sie sorgen dafür, dass die traditionelle schottische Musik eine Renaissance erlebt. So wie an einem beliebigen Abend im Pub bei einer Session von heimischen Musikanten und Sängern oder bei der gälischen *feisan* (ausgesprochen »fee-schan«), *www.feisan.org*

Ganz hip und hop
Beim Bummel durch Glasgow, Edinburgh oder andere Städte wird klar: Wer im Kilt spaziert, erregt Aufsehen. Was in puncto junge Mode angesagt ist, sind *baggy-shirts* und *-trousers* oder die blau-weiß-roten Klamotten von Tommy Hilfiger. Preiswerter und dennoch up-to-date kann man sich in den Filialen von GAP oder Next einkleiden. Der Yuppy von heute muss nicht nach Paris oder New York jetten, um sich anzudressen. Das geht genauso gut in Glasgow.

Pub kontra wine bar
Die Bar- und Restaurantszene speziell von Glasgow hat Weltstadtniveau. Als die New Economy zu boomen begann, wurden ehemalige viktorianische Bankhallen zu edlen Treffs umfunktioniert. Angesagt sind auch *wine bars*. Schick, aber teuer! Neue Treffpunkte sind in Edinburgh die trendy Bars und Restaurants im alten Hafen Leith mit dem neuen Ocean Terminal.

Oscarverdächtig
Schotten sind filmbesessen, nicht nur wegen Landsmann Sean Connery. In den großen Städten laufen in zahllosen Kinos die neuesten Filme. Kassenschlager wie »Braveheart«, »Mission Impossible«, »Rob Roy« »Trainspotting«, »Local hero« oder »Chariots of Fire« wurden in Schottland gedreht.

Kraft und Leidenschaft
Beim Fußball und beim Rugby sind schottisches Temperament und Nationalstolz eins – besonders bei Matches gegen England. Die einmalige Atmosphäre eines Spiels im Stadion Hampden Park muss man einfach einmal erlebt haben! Hier gibt es neuerdings auch das Scottish Museum of Football.

Von Anreise bis Zoll

Hier finden Sie kurz gefasst die wichtigsten Adressen und Informationen für Ihre Schottland-Reise

ANREISE

Flugzeug

Direktflüge nach Edinburgh und Glasgow-Prestwick gibt es von vielen deutschen Städten sowie von Wien und Zürich aus. Häufiger gehen Flüge über London nach Edinburgh, Glasgow, Aberdeen und Inverness.

Bahn

Es gibt Verbindungen nach Edinburgh von vielen deutschen Städten sowie von Zürich und Wien aus. Von London (King's Cross) verkehren Intercity- und Autoreisezüge *(www.thetrainline.com)*. So bis Fr fahren Schlafwagen von London-Euston nach Edinburgh, Glasgow, Aberdeen, Inverness und Fort William *(www.scotrail.co.uk)*.

Auto

Die Anreise durch den Eurotunnel führt auf der Autobahn E 40 (in Frankreich A 16) über Antwerpen, Brügge, Gent, Dünkirchen nach Calais; von Aachen auf der E 40 (in Frankreich A 27 und A 25) über Lüttich und Lille nach Calais direkt zum Eurotunnel-Terminal. Die Shuttle-Pendler fahren täglich rund um die Uhr, in Stoßzeiten alle 15 Minuten. Die Tunneldurchfahrt dauert 35 Minuten. Von Folkestone weiter auf der M 20 *(www.eurotunnel.com)*.

Schiff/Auto

Die kürzeste Fährstrecke ist die von Calais nach Dover. Näher an Schottland heran führen die Linien von Cuxhaven nach Harwich oder von Rotterdam bzw. Zeebrugge nach Hull. Entfernung von der englischen Südostküste nach Edinburgh: rund 750 km, von Hull nach Edinburgh: knapp 400 km.

AUSKUNFT

VisitBritain

Westendstr. 16–22, 60325 Frankfurt/M., Tel. 01801/468642 (auch Broschürenbestellung), Fax 069/ 97 11 24 44, gb-info@visitbritain.org, www.visitbritain.com

Britain Visitor Centre

c/o British Council, Schenkenstr. 4, 1010 Wien, Tel. 0800/00 70 07, Fax 01533/26 16 85

VisitBritain

Badener Str. 21, 8001 Zürich, Tel. 0844/00 70 07, Fax 043/322 20 01

Scottish Tourist Board

23, Ravelstone Terrace, Edinburgh EH4 3TP, Tel. 0131/332 24 33, Fax 459 24 34, www.visitscotland.com/os; zentrale Zimmervermittlung: Tel. 0845/225 51 21 (im Land) bzw. 0044/1506/83 21 21 (international)

AUTO

Der Linksverkehr erfordert naturgemäß erhöhte Aufmerksamkeit. Achtung bei Vorfahrtsstraßen, Stoppschildern sowie im Kreisverkehr. Kleinere Straßen, vor allem im Nordwesten, sind meist einspurig. In Abständen sind Ausweichstellen angelegt, die dazu dienen, anderen das Überholen zu ermöglichen – nicht jedoch zum Parken!

Höchstgeschwindigkeiten: 70 Meilen pro Stunde (entspricht 112 km/h) auf Autobahnen und Schnellstraßen, 60 Meilen (96 km/h) auf Landstraßen und 30 Meilen (48 km/h) in Ortschaften.

Papiere: grüne Versicherungskarte, Führerschein, Kraftfahrzeugschein.

Pannenhilfe: Mitglieder hiesiger Automobilclubs werden von den britischen Clubs beraten. *Gebührenfreie Notrufnummern* gibt es auch für Nichtmitglieder: von der *AA (Automobile Association) Tel. 01256/201 23* und vom *RAC (Royal Automobile Club) Tel. 08000/ 82 82 82.*

Parken an der Straße: gelbe Doppellinie absolutes Parkverbot, einfache gelbe Linie *Mo–Sa 8–18 Uhr* Parken verboten.

BANKEN

Öffnungszeiten meist Mo–Fr 9–17, Do auch bis 18 Uhr, vereinzelt auch Sa vormittags. Die schottischen Banken geben eigene Banknoten heraus, es gilt das britische Pfund (£). Vor der Heimreise sollte man schottisches in englisches Geld tauschen, weil letzteres in Deutschland zu einem besseren Kurs rückgetauscht wird.

BESICHTIGUNGEN & MUSEEN

Oktober bis März gelten kürzere Besichtigungszeiten, viele Stätten sind geschlossen. Mit speziellen Ausweisen des National Trust u. a. ermäßigt sich der Eintritt erheblich! Vergleichsweise billig, wenn nicht frei, ist der Museumsbesuch: um 60 p. Der Besuch eines Castle oder Visitor Centre kostet meist 4.50 bis 6.50 £. Seit 2001 ist der Eintritt bei den nationalen schottischen Kunstsammlungen frei. Mit dem *Scottish Explorer Ticket (www.historic-scotland.gov.uk)* ist der Eintritt zu mehr als 60 historischen Stätten stark ermäßigt; man bekommt es bei den meisten Tourist Information Centres. Das gilt auch für den *Trust Touring Pass* des *National Trust for Scotland (www.nts.org.uk).*

BUS

Von England nach Schottland und innerhalb Schottlands gibt es ein gutes Busnetz. Die beiden größten Unternehmen sind *National Express* und *Scottish Citylink.* Die Busse sind erheblich preiswerter als die Bahn, aber auch langsamer.

Für junge Leute, Studenten und Senioren gibt es die *National Express Discount Coachcard* (bis zu 30 Prozent Ermäßigung auf den normalen Fahrpreis, *www.nationalexpress.co.uk*). Den *Citylink Explorer Pass* gibt es für 3, 5 und 8 Tage *(www.citylink.co.uk).*

Mit Postbussen erreicht man auch entlegene Winkel. Fahrpläne: *Communications Services, The Post Office, Room 716, 102 West Port, Edinburgh EH3 9H5, Tel. 0131/228 74 07, Fax 228 71 39*

CAMPING

Die schottischen Plätze werden zum guten Teil von Dauercampern genutzt. Besser, als im eigenen Wohnwagen anzureisen, ist es, einen Caravan in Schottland zu mieten. Beim Wildzelten die Erlaubnis des Grundbesitzers einholen!

EINREISE

Pass oder Personalausweis genügt zur Einreise nach Großbritannien.

DIPLOMATISCHE VERTRETUNGEN

Deutsches Generalkonsulat
16, Eglinton Crescent, Edinburgh EH 12 5DG, Tel. 0131/337 23 23, Mo–Fr 9–12 Uhr
Für dringende Fälle unterhält das Konsulat auch einen telefonischen Bereitschaftsdienst am Wochenende.

Botschaft der Republik Österreich
18 Belgrave Mews West, London SW 1X8 HU, Tel. 020/72 35 37 31

Schweizer Botschaft
16–18 Montagu Place, London W1H 2BQ, Tel. 020/76 16 60 00

FÄHREN

Die Fährschiff-Reederei *Caledonian McBrayne* läuft 22 Inseln an der Westküste an und bietet mit dem *Island Hopscotch* und dem *Island Rover* Möglichkeiten zum Insel-Hopping: *Caledonian MacBrayne, Tel. 08705/65 00 00, Fax 63 52 35, www.calmac.co.uk.* Zu den Orkneys und Shetlands fährt: *Northlink Orkney & Shetland Ferries Ltd. (von Aberdeen), Tel. 0845/600 04 49, www.northlinkferries.co.uk.* In den Sommermonaten ist frühzeitige Buchung, vor allem für einen Wagenplatz, geboten. Achtung: hohe Preise!

GESUNDHEIT

Touristen aus der EU werden im Notfall in Krankenhäusern des staatlichen Gesundheitssystems *(National Health Service – NHS)*, kostenlos behandelt. Beim Arztbesuch oder stationärer Behandlung muss man für die Kosten zunächst selbst aufkommen. Sie können sie anschließend Ihrer Kasse zur (meist problemlosen) Erstattung einreichen, oder Sie schließen eine Reisekrankenversicherung ab.

INTERNET

Das Internet ist in Schottland weit verbreitet. Praktisch zu jedem Thema gibt es informative Websites.

Was kostet wie viel?

Taxi	**1,50 Euro** pro gefahrenem km
Kaffee	**2,25 Euro** für eine Tasse Kaffee
Wasser	**1,50 Euro** für eine kleine Flasche
Bier	**ab 3,70 Euro** für ein Pint
Benzin	**1,30 Euro** für einen Liter Normal
Briefmarke	**32 Cent** für eine Postkarte ins Ausland

www.marcopolo.de

Im Internet auf Reisen gehen

Mit über 10 000 Tipps zu den beliebtesten Reisezielen ist Marco Polo auch im Internet vertreten. Sie wollen nach Paris, auf die Kanaren oder ins australische Outback? Per Mausklick erfahren Sie unter www.marcopolo.de Wissenswertes über Ihr Reiseziel. Zusätzlich zu den Informationen aus den Reiseführern bieten wir Ihnen online:

- das *Reise Journal* mit aktuellen News, Artikeln, Reportagen
- den *Reise Service* mit Routenplaner, Währungsrechner und Compact Guides
- den *Reise Markt* mit Angeboten unserer Partner rund um das Thema Urlaub

Es lohnt sich vorbeizuschauen: Wöchentlich aktualisiert, gibt es immer wieder Neues zu entdecken. Bleiben Sie auf dem Laufenden mit unserem E-Mail-Newsletter, den Sie kostenlos abonnieren können!

Hier ein kleine Auswahl:
Scottish Touristboard:
www.visitscotland.com
National Trust of Scotland:
www.nts.org.uk
Taste of Scotland:
www.taste-of-scotland.com
Scottish Natural Heritage:
www.snh.org.uk

INTERNETCAFÉS

Aberdeen
CommsPort Ltd., 31/33 Loch Street, Tel. 01224/62 64 68, abadmin@commsport.com

Edinburgh
Internetcafé im Tourist Office, 3 Princes Street, Tel. 0131/473 38 00, www.edinburgh.org

WEB 13, 13 Bread Street, Tel. 0131/229 88 83, www.web13.co.uk

Glasgow
Café Internet, 153/157 Sauchiehall Street (in Waterstones's Bookshop), Tel. 0141/353 24 84, glasgow@cafeinternet.co.uk

Internet Exchange, 136 Sauchiehall Street, Tel. 0141/353 05 35

JUGENDHERBERGEN

Schottland verfügt über ein sehr gutes Angebot an *Youth Hostels*. Für die Übernachtung brauchen Sie entweder einen Internationalen Jugendherbergsausweis oder eine Mitgliedskarte der *Scottish Youth Hostels Association (7 Glebe Crescent, Stirling FK8 2JA, Tel. 08701/55 32 55, www.syha.org.uk)*. Ein Verzeichnis der unabhängigen Herbergen versendet: *Independent Backpackers Hostels Scotland, Fraoch Lodge, Boat Garden PH24*

3BN, Tel. 01479/83 13 31, www.hostel-scotland.co.uk

KLIMA & REISEZEIT

Die sommerlichen Temperaturen betragen im Durchschnitt 14 bis 16 Grad. Es wird selten wärmer als 24 Grad. Das Frühjahr und der Herbst sind kühl, von Mitte August bis Dezember fällt, statistisch gesehen, der meiste Regen. Beste Reisezeit sind Mai/Juni und September bis Ende Oktober.

LITERATURHINWEISE

Klassiker wie Theodor Fontanes Schottland-Impressionen »Jenseits des Tweed«, Samuel Johnsons »Reisen nach den westlichen Inseln bei Schottland« oder Sir Walter Scotts historische Romane (»Rob Roy«, »Die Braut von Lammermoor«) lesen sich auch heute noch mit Gewinn. Nicht zu vergessen Robert Louis Stevensons »Dr. Jekyll und Mister Hyde«, die beste Einführung in die gespenstischen Geheimnisse von Edinburgh. Populär sind die Bücher von Nigel Tranter, dessen Romane, z. B. »The Bruce Trilogy« Schottlands bewegte Geschichte thematisieren.

MASSE & GEWICHTE

In Großbritannien ist heute das metrische System, z. B. bei Nahrungsmitteln und Benzin, gültig. Entfernungen werden aber noch in Meilen angegeben. Im Alltag begegnet man noch häufig den alten Maßen:

1 inch = 2,54 cm
1 foot = 12 inches = 30,48 cm
1 yard = 3 feet = 91,44 cm
1 mile = 1,61 km (um Kilometer in Meilen umzurechnen, mit 0,62 multiplizieren)
1 pint = 0,57 l
1 gallon = 4,54 l
1 ounce (1 oz) = 28,35 g
1 pound (1 lb) = 0,454 kg
1 stone (1 st) = 6,348 kg

Wetter in Edinburgh

	Jan.	Feb.	März	April	Mai	Juni	Juli	Aug.	Sept.	Okt.	Nov.	Dez.
Tagestemperaturen in °C	6	6	8	11	14	17	18	18	16	12	9	7
Nachttemperaturen in °C	1	1	2	4	6	9	11	11	9	7	4	2
Sonnenschein Std./Tag	2	3	3	5	6	6	5	4	4	3	2	2
Niederschlag Tage/Monat	13	11	11	11	11	12	13	13	12	13	12	13

NOTRUF

Für Polizei, Feuerwehr und Krankenwagen: *Tel. 999*

ÖFFNUNGSZEITEN

Geschäfte haben meist Mo–Fr 9 bis 17.30 oder 18 Uhr geöffnet. Längere Öffnungszeiten bis 19 oder 20 Uhr gibt es Do nur in größeren Städten. Pubs haben meist 11 bis 14.30 und 17–23, So 12.30–14.30 und 18.30–23 Uhr geöffnet. Viele Pubs haben auch nachmittags durchgehend geöffnet, einige besitzen Sonderlizenzen und schließen später, vor allem am Wochenende.

POST

Öffnungszeiten der Postämter: Mo bis Fr 9–17.30, Sa 9–12.30 Uhr. Ein Brief nach Deutschland kostet derzeit 38 p und ist ca. zwei bis drei Tage unterwegs.

PREISE & WÄHRUNG

Die Währungseinheit ist das Pfund (£) Sterling, unterteilt in 100 Pence (p). Es gibt Banknoten zu 1, 5, 10, 20, 50 und 100 £, Münzen zu 1, 2, 5, 10, 20 und 50 Pence und 1 £.

Brot, Früchte, Milchprodukte und Fleisch sind nicht teurer als in Deutschland. Alkohol und Zigaretten dagegen wegen hoher Steuern der reine Luxus: Ein Päckchen Zigaretten kostet 3.50 £.

STROM

240 Volt Wechselstrom. Elektrorasierer passen meist, für den eigenen Fön etc. sollten Sie einen Adapter mitnehmen.

€	£
1	0,70
2	1,40
3	2,10
4	2,80
5	3,50
7	4,90
8	5,60
9	6,30
10	70,00

£	€
1	1,44
2	2,88
3	4,32
4	5,76
5	7,20
7	10,08
8	11,52
9	12,96
10	14,40

TELEFON & HANDY

Normale Gebühren in *telephone kiosks* im Hotel. Am günstigsten telefoniert man mit Telefonkarten (gibt es in Postämtern, Zeitungsgeschäften, bei Touristenbüros. Günstigste Zeit: 20–8 Uhr. Vorwahl Deutschland: 0049, Österreich: 0043, Schweiz: 0041; Schottland: 0044

TRINKGELD

Wenn Sie zufrieden waren, freut sich der Service über ein Trinkgeld (rund zehn Prozent). Im Pub an der Theke steht oft ein Behältnis für einen wohltätigen Zweck, in das man sein restliches Kleingeld wirft.

ZEIT

In Schottland gilt die Greenwich Mean Time. Der Unterschied zur Mitteleuropäischen Zeit (MEZ) beträgt ganzjährig minus eine Stunde.

ZOLL

EU-Bürger dürfen zollfrei ein- und ausführen: 800 Zigaretten, 1 kg Tabak, 90 l Wein, 10 Liter Spirituosen. Strikt verboten ist die Einfuhr von Tieren und Pflanzen.

Do you speak English?

»Sprichst du Englisch?«
Dieser Sprachführer hilft Ihnen, die wichtigsten Wörter und Sätze auf Englisch zu sagen

Zur Erleichterung der Aussprache sind alle englischen Wörter mit einer einfachen Aussprache (in eckigen Klammern) versehen. Folgende Zeichen sind Sonderzeichen:

ə nur angedeutetes »e« wie in bitte
θ [s] gesprochen mit der Zungenspitze zwischen den Zähnen

AUF EINEN BLICK

Ja./Nein.	Yes. [jäs]/No. [nəu]
Vielleicht.	Perhaps. [pə'häps]/Maybee. ['mäibih]
Bitte.	Please. [plihs]
Danke.	Thank you. ['θänkju]
Vielen Dank!	Thank you very much. ['θänkju 'wäri 'matsch]
Gern geschehen.	You're welcome. [joh 'wälkəm]
Entschuldigung!	I'm sorry! [aim 'sori]
Wie bitte?	Pardon? ['pahdn]
Ich verstehe Sie/dich nicht.	I don't understand. [ai dəunt andə'ständ]
Ich spreche nur wenig …	I only speak a bit of … [ai 'əunli spihk ə'bit əw …]
Können Sie mir bitte helfen?	Can you help me, please? ['kən ju 'hälp mi plihs]
Ich möchte …	I'd like … [aid'laik]
Das gefällt mir (nicht).	I (don't) like it. [ai (dəunt) laik‿it]
Haben Sie …?	Have you got …? ['həw ju got]
Wie viel kostet es?	How much is it? ['hau'matsch is it]
Wie viel Uhr ist es?	What time is it? [wot 'taim is it]

KENNENLERNEN

Guten Morgen!	Good morning! [gud 'mohning]
Guten Tag!	Good afternoon! [gud ahftə'nuhn]
Guten Abend!	Good evening! [gud 'ihwning]
Hallo! Grüß dich!	Hello! [hə'ləu]/Hi! [hai]
Mein Name ist …	My name is … [mai näims …]
Wie ist Ihr/dein Name?	What's your name? [wots joh 'näim]

Wie geht es Ihnen/dir?	How are you? [hau 'ah ju]
Danke. Und Ihnen/dir?	Fine thanks. And you? ['fain θänks, ənd 'ju]
Auf Wiedersehen!	Goodbye!/Bye-bye! [gud'bai/bai'bai]
Tschüss!	See you!/Bye! [sih ju/bai]
Bis morgen!	See you tomorrow! [sih ju tə'mərəu]

UNTERWEGS

Auskunft

links/rechts	left [läft]/right [rait]
geradeaus	straight on [sträit 'on]
nah/weit	near [niə]/far [fah]
Bitte, wo ist …?	Excuse me, where's …, please? [iks'kjuhs 'mih 'weəs … plihs]
Bahnhof	station ['stäischn]
Bushaltestelle	bus stop [bas stəp]
Flughafen	airport ['eəpoht]
Wie weit ist das?	How far is it? ['hau 'fahr‿is‿it]
Ich möchte ... mieten.	I'd like to hire ... [aid'laik tə 'haiə]
... ein Auto ...	… a car. [ə 'kah]
... ein Fahrrad ...	…a bike. [ə 'baik]

Panne

Ich habe eine Panne.	My car's broken down. [mai 'kahs 'brəukn 'daun]
Würden Sie mir bitte einen Abschleppwagen schicken?	Would you send a breakdown truck, please? ['wud ju sänd ə bräikdaun trak plihs]
Gibt es hier in der Nähe eine Werkstatt?	Is there a garage nearby? ['is θeə‿ə 'gärahdsch 'niərbai]

Tankstelle

Wo ist die nächste Tankstelle?	Where's the nearest petrol station? ['weəs θə 'niərist 'pätrəlstäischn]
Ich möchte … Liter …	… litres of … ['lihtəs əw]
… Normalbenzin.	… three-star, ['θrihstah]
… Super.	… four-star, ['fohstah]
… Diesel.	… diesel, ['dihsl]
… bleifrei/verbleit.	… unleaded/leaded, please. [an'lädid/'lädid plihs]
Voll tanken, bitte.	Full, please. ['ful plihs]

Unfall

Hilfe!	Help! [hälp]
Achtung!	Attention! [ə'tänschn]
Vorsicht!	Look out! ['luk 'aut]

Rufen Sie bitte …	Please call … ['plihs 'kohl]
… einen Krankenwagen.	… an ambulance. [ən 'ämbjuləns]
… die Polizei.	… the police. [θə pə'lihs]
Es war meine Schuld.	It was my fault. [it wəs 'mai 'fohlt]
Es war Ihre Schuld.	It was your fault. [it wəs 'joh 'fohlt]
Geben Sie mir bitte Ihren Namen und Ihre Anschrift.	Please give me your name and address! [plihs giw mi joh 'näim ənd ə'dräs]

ESSEN/UNTERHALTUNG

Wo gibt es hier …	Is there … here? ['is θeər … 'hiə]
… ein gutes Restaurant?	… a good restaurant …[ə 'gud 'rästərohng]
… ein typisches Restaurant?	… a restaurant with local specialities … [ə 'rästərohng wiθ 'ləukl ,späschi'älitis]
Gibt es hier eine gemütliche Kneipe?	Is there a nice pub here? ['is θeər‿ə nais 'pab hiə]
Reservieren Sie uns bitte für heute Abend einen Tisch für vier Personen.	Would you reserve us a table for four for this evening, please? ['wud ju ri'söhw əs ə 'täibl fə foh fə θis 'ihwning plihs]
Die Speisekarte, bitte.	Could I have the menu, please. ['kud ai häw θə 'mänjuh plihs]
Ich nehme ...	I'll have ... [ail häw]
Bitte ein Glas ...	A glass of ..., please [ə 'glahs‿əw ... plihs]
Auf Ihr Wohl!	Cheers! [tschiəs]
Bezahlen, bitte.	Could I have the bill, please? ['kud ai häw θə 'bil plihs]
Wo sind bitte die Toiletten?	Where are the toilets, please? ['weərə θə 'toilits plihs]

EINKAUFEN

Wo finde ich …?	Where can I find …? ['weə 'kən‿ai 'faind …]
Apotheke	chemist's [kämists]
Bäckerei	baker's [bäikəs]
Kaufhaus	department store [di'pahtmənt stoh]
Lebensmittelgeschäft	food store ['fuhd stoh]
Markt	market ['mahkit]

ÜBERNACHTUNG

Können Sie mir bitte … empfehlen?	Can you recommend …, please? [kən ju ,räkə'mänd … plihs]
… ein Hotel ...	… a hotel ... [ə həu'täl]
… eine Pension ...	… a guest-house ... [ə 'gästhaus]
Ich habe bei Ihnen ein Zimmer reserviert.	I've reserved a room. [aiw ri'söhwd‿ə 'ruhm]

Haben Sie noch …	Have you got … [həw ju got]
… ein Einzelzimmer?	… a single room? [ə 'singl ruhm]
… ein Doppelzimmer?	… a double room? [ə 'dabl ruhm]
… mit Dusche/Bad?	… with a shower/bath? [wiθ ə 'schauə/'bahθ]
… für eine Nacht?	… for one night? [fə wan 'nait]
… für eine Woche?	… for a week? [fə ə 'wihk]
Was kostet das Zimmer mit …	How much is the room with … ['hau 'matsch is θə ruhm wiθ]
… Frühstück?	… breakfast? ['bräkfəst]
… Halbpension?	… half board? ['hahf'bohd]
… Vollpension?	… full board? ['ful'bohd]

PRAKTISCHE INFORMATIONEN

Arzt

Können Sie mir einen guten Arzt empfehlen?	Can you recommend a good doctor? [kən ju ,räkə'männd ə gud 'doktə]
Ich habe hier Schmerzen.	I've got pain here. [aiw got päin 'hiə]

Post

Was kostet …	How much is … ['hau 'matsch is]
… ein Brief …	… a letter … [ə 'lätə]
… eine Postkarte …	… a postcard … [ə pəustkahd]
… nach Deutschland?	… to Germany? [tə 'dschöhməni]

ZAHLEN

0	zero, nought [siərəu, noht]	19	nineteen [,nain'tihn]
1	one [wan]	20	twenty ['twänti]
2	two [tuh]	21	twenty-one [,twänti'wan]
3	three [θrih]	30	thirty ['θöhti]
4	four [foh]	40	forty ['fohti]
5	five [faiw]	50	fifty ['fifti]
6	six [siks]	60	sixty ['siksti]
7	seven ['säwn]	70	seventy ['säwnti]
8	eight [äit]	80	eighty ['äiti]
9	nine [nain]	90	ninety ['nainti]
10	ten [tän]	100	a (one) hundred ['ə (wan) 'handrəd]
11	eleven [i'läwn]		
12	twelve [twälw]	1000	a (one) thousand ['ə (wan) 'θausənd]
13	thirteen [θöh'tihn]		
14	fourteen [,foh'tihn]	10000	ten thousand ['tän 'θausənd]
15	fifteen [,fif'tihn]		
16	sixteen [,siks'tihn]	1/2	a half [ə 'hahf]
17	seventeen [,säwn'tihn]	1/4	a (one) quarter ['ə (wan) 'kwohtə]
18	eighteen [,äi'tihn]		

Reiseatlas Schottland

Die Seiteneinteilung für den Reiseatlas finden Sie auf dem hinteren Umschlag dieses Reiseführers

Kartenlegende Reiseatlas

le Mans-Est 4	Autobahn mit Anschlussstelle Motorway with junction
Datum, Date	Autobahn in Bau Motorway under construction
Datum, Date	Autobahn in Planung Motorway projected
R	Raststätte mit Übernachtungsmöglichkeit Roadside restaurant and hotel
R	Raststätte ohne Übernachtungsmöglichkeit Roadside restaurant
E	Erfrischungsstelle, Kiosk Snackbar, kiosk
T A	Tankstelle, Autohof Filling-station, Truckstop
	Autobahnähnliche Schnellstraße mit Anschlussstelle Dual carriage-way with motorway characteristics with junction
	Straße mit zwei getrennten Fahrbahnen Dual carriage-way
	Durchgangsstraße Thoroughfare
	Wichtige Hauptstraße Important main road
	Hauptstraße Main road
	Sonstige Straße Other road
	Fernverkehrsbahn Main line railway
	Bergbahn Mountain railway
	Autotransport per Bahn Transport of cars by railway
	Autofähre Car ferry
	Schifffahrtslinie Shipping route
	Landschaftlich besonders schöne Strecke Route with beautiful scenery
Routes des Crêtes	Touristenstraße Tourist route
	Straße gegen Gebühr befahrbar Toll road
	Straße für Kraftfahrzeuge gesperrt Road closed to motor traffic
	Zeitlich geregelter Verkehr Temporal regulated traffic
15%	Bedeutende Steigungen Important gradients

Kultur
Culture

★★ PARIS ★★ *la Alhambra*	Eine Reise wert Worth a journey
★ TRENTO ★ *Comburg*	Lohnt einen Umweg Worth a detour

Landschaft
Landscape

★★ Rodos ★★ *Fingal's cave*	Eine Reise wert Worth a journey
★ Korab ★ *Jaskinia raj*	Lohnt einen Umweg Worth a detour
	Besonders schöner Ausblick Important panoramic view
	Ausflüge & Touren **Excursions & tours**
	Nationalpark, Naturpark National park, nature park
	Sperrgebiet Prohibited area
4807	Bergspitze mit Höhenangabe in Metern Mountain summit with height in metres
(630)	Ortshöhe Elevation
	Kirche Church
	Kirchenruine Church ruin
	Kloster Monastery
	Klosterruine Monastery ruin
	Schloss, Burg Palace, castle
	Schloss-, Burgruine Palace ruin, castle ruin
	Denkmal Monument
	Wasserfall Waterfall
	Höhle Cave
	Ruinenstätte Ruins
	Sonstiges Objekt Other object
	Jugendherberge Youth hostel
	Flugplatz Airfield
	Regionalflughafen Regional airport
	Verkehrsflughafen Airport

A
B
C
116
1
2
3
4
5
6
10 miles
10 km
In U.K. distances in miles
Rinns Point
Glenegedale
Kintra
The Oa
Port Ellen
Lower Killeyan
Mull of Oa
Kildalton Cross
Lagavulin Distillery
Dunyvaig Castle
Ardbeg
Laphroaig Distillery
Ardtalla
Bheigeir
Ardpatrick Pt.
Gigha Island
Ardminish
Achamore Gardens
Sound of Gigha
Clachan
Rhunahaorine
Crossaig
Tayinloan
Kilbrannan Sound
Glenacardoch Point
MacAlister Clan Centre
Dippen
Carradale
Glenbarr
Beinn an Tuirc
Saddell
Kilchenzie
Kintyre
Drumadoon Point
Blackwaterfoot
Machrihanish
Stewarton
Campbeltown
Rathlin Island
Beinn na Lice
Feochaig
Mull of Kintyre
Southend
St. Columba's Footsteps
Sanda Island
Fair Head
Ballycastle
Murlough Bay
ATLANTIC
OCEAN
North Channel
Cushendun
Cushendall
Glenariff
Trostan
Antrim Coast & Glens
Carnlough
Glenarm
Northern Ireland
Ballygalley
Carncastle
Black Cave Tunnel
Larne
Kilwaughter
Glynn
Island Magee
The Gobbins
Ballyclare
Ballynure
Ballycarry
Whitehead
Carrickfergus
NEWTOWNABBEY
Belfast Lough
Helen's Bay
Bangor
Copeland Island
Holywood
Belfast (City)
Donaghadee
Newtownards
Dundonald
BELFAST
Millisle
Carrowdore
Comber
Mountstewart House&Gardens
Greyabbey
Ballygowan
Rowallane Gardens
Saintfield
Ballywalter
Kircubbin
Douglas (Isle of Man) 4½h
Liverpool 11h
Douglas (Isle of Man) 8h
Bennane Head
Ballantrae
Milleur Point
Corsewall Point
Kirkcolm
Loch Ryan
Leswalt
Stranraer
The Rhins
Portpatrick
Dunskey Castle
Ardwell House Gardens
Ardwell
Logan Botanic Gardens
Sandhead
Drummore
Mull
Cairnryan
Pirnmill
Auchagallon
Stone Circle
Kilmory

DUMBARTON
Netherton
117
GLASGOW
BEARSDEN
Antonine Wall
PORT GLASGOW
Ardgowan
Innellan
Toward
Wemyss Bay
Skelmorlie
Rothesay
Bute
Kilchattan
Ardlamont Pt.
Great Cumbrae Island
Millport
Largs
Fairlie
Kilbirnie
Dalry
Beith
Lochwinnoch
Bridge of Weir
JOHNSTONE
CLYDEBANK
Renfrew
Glasgow
PAISLEY
Barrhead
Neilston
RUTHERGLEN
Livingstone Centre
Eaglesham
EAST KILBRIDE
HAMILTON
Strathaven
Corse Hill
Lugton
Dunlop
Stewarton
Cunningham
Burnhouse
Auchentiber
Kilwinning
Stevenston
Saltcoats
Ardrossan
West Kilbride
Seamill
Portencross
Sound of Bute
Firth of Clyde
Kingarth
Garroch Head
Corrie
Brodick Castle
Brodick
Clauchlands Point
Holy Island
Whiting Bay
IRVINE
Dreghorn
Kilmaurs
Rowallan Castle
Dean Castle
Fenwick
KILMARNOCK
Newmilns
Darvel
Galston
Irvine
Drumclog
Troon
Dundonald Castle
Bogend
Monkton
Prestwick
Tarbolton
Mauchline
Middleyard
AYR
Kyle
Sorn
Catrine
Ayr
Muirkirk
Lesmahagow
Trabbochburn
Auchinleck
Cumnock
Dunure
Alloway
Culzean Castle
Dalrymple
Drongan
Hollybush
Maybole
Kirkoswald
Turnberry
Souter Johnnie's Cottage
Crossraguel Abbey
Patna
Dunaskin Experience
Dalmellington
Dalleagles
New Cumnock
Cairn Table
Nith
Kirkconnel
Sanquhar
Wanlockhead
Girvan
Dailly
Straiton
Carrick
Barr
Stinchar
Pinwherry
Ardstinchar Castle
Knockdolian Castle
Loch Bradan Res.
Craiglee
Loch Doon
Cairnsmore of Carsphairn
Water of Ken
Carsphairn
Knowehead
Galloway Forest Park
Merrick
Barrhill
Cree
The Glenkens
Drumlanrig Castle
Carronbridge
Moniaive
Drumlamford House
Glenn Trool Lodge
Loch Trool
St. John's Town of Dalry
Maxwelton House
Dunscore
Clatteringshaws Loch
New Galloway
Galloway
New Luce
Glenluce Abbey
Glenluce
Dee
Corsock
Newton Stewart
Parton
Urr Water
Crocketford
Kirkcowan
Loch Ken
Laurieston
Threave Garden
Castle Douglas
Threave Castle
Beeswing
Haugh of Urr
Torhouse Stone Circle
Creetown
Cairnharrow
Cardoness Castle
Cairn Holy
Gatehouse of Fleet
Wigtown
Mote of Druchtag
Whauphill
Mochrum
Ringford
Palnackie
Dalbeattie
New Abbey
Kippford
of Scaur
Port William
Garlieston
Wigtown Bay
Luce Bay
Kirkcudbright
Auchencairn
Borness
Whithorn
Isle of Whithorn
St. Ninian's Cave
Burrow Head
Dundrennan
Solway Firth

117
Balfron
Killearn
Fintry
Kippen
STIRLING
Bannockburn
Wallace Monument
Dollar
Castle Campbell
Alva
Tullibody
Tillicoultry
Alloa
The Pineapple
Cowie
Airth
DUNFERMLINE
Kincardine
Carnock
Culross Palace
Alexandria
DUMBARTON
Netherton
Earl's Seat
Campsie Fells
Carron Valley Res.
Denny
GLASGOW
Kilsyth
Larbert
GRANGEMOUTH
Bo'ness
Rosyth
BEARSDEN
Kirkintilloch
FALKIRK
CUMBERNAULD
Antonine Wall
Condorrat
Renfrew
Glasgow
Hopetoun House
COATBRIDGE
Slamannan
Linlithgow
Avonbridge
Bathgate
Broxburn
Armadale
AIRDRIE
RUTHERGLEN
David Livingstone Centre
Eaglesham
Whitburn
Blackb.
LIVINGSTON
Shotts
MOTHERWELL
West Calder
Currie
Balerno
EAST KILBRIDE
HAMILTON
Newmains
Fauldhouse
Wishaw
Chatelherault
Castle
Corse Hill
Larkhall
Carluke
Forth
Strathaven
Crossford
Craignethan Castle
Pentland Hills
Penicuik
Howgate
Newmilns
Darvel
Drumclog
Carstairs
Stonypath
Carnwath
Dunsyre
West Linton
Lanark
New Lanark
Libberton
Blyth Bridge
Mountain Cross
Middleyard
Lesmahagow
Stockbriggs
Elsrickle
Drochil Castle
Sorn
Tinto
Biggar
Douglas
Uddington
Muirkirk
Auchinleck
Broughton
Neidpath Castle
Lamington
Tinnis Castle
Drumelzier
Cumnock
Crawfordjohn
Abington
Tweedsmuir
New Cumnock
Cairn Table
Broad Law
Megget Res.
Mountbenger
Dalleagles
Kirkconnel
Wanlockhead
Elvanfoot
Museum of Scottish Leadmining
Meggethead
Rodono Hotel
St.Mary's Loch
Sanquhar
Green Lowther
Lowther Hills
Watermeetings
White Coomb
Grey Mare's Tail
Devil's Beef Tub
Ramseycleuch
Ettrick Water
Enterkinfoot
Moffat
Drumlanrig Castle
Carronbridge
Morton Castle
Queensberry
Beattock
Knowehead
Thornhill
Moniaive
Closeburn
Southern Uplands
Nithsdale
Annandale
Eskdalemuir
St. John's Town of Dalry
Maxwelton House
Dunscore
Parkgate
Dinwoodie
Boreland
Amisfield Town
Corsock
Lochmaben
Lincluden College
Locharbriggs
Parton
Crocketford
Lockerbie
DUMFRIES
Collin
Hightae
Laurieston
Threave Garden
Beeswing
Fallford
Castle Douglas
Haugh of Urr
Sweetheart Abbey
Waterbeck
Threave Castle
New Abbey
Carrutherstown
Ecclefechan
Canonbie
Ringford
Dalbeattie
Caerlaverock Castle
Ruthwell
Kirkpatrick-Fleming
Palnackie
Criffel
Blackshaw
Annan
Cummertrees
Kippford
Rockcliffe
Kirkbean
Eastriggs
Gretna Green
Gretna
Longtown
Port Carlisle
Southerness
114

119
F
E
D
10 miles
10 km
In U.K. distances in miles
1
2
3
4
5
6
Falkland
GLEN-ROTHES
Kennoway
Largoward
290
Kellie Castle
Kirkton of Largo
Fife Ness
Crail
Leven
Methil
BUCKHAVEN
Earlsferry
Anstruther
St. Monance
Pittenweem
Ballingry
KIRKCALDY
Burntisland
Kinghorn
Isle of May
Firth of Forth
EDINBURGH
Scottish Seabird Centre
Bass Rock
North Berwick
Tantallon Castle
Dirleton
Aberlady
Gullane
Auldhame
Drem
Whitekirk
Zeebrugge 17½h
Cockenzie and Port Seton
Musselburgh
Longniddry
Museum of Flight
Preston Mill
Dunbar
Tranent
Dalkeith
Haddington
Hailes Castle
Pitcox
Lennoxlove House
Garvald
Thorntonloch
Newtongrange
Pencaitland
Lady Victoria Colliery
Gifford
Lammermuir Hills
Oldhamstocks
Cockburnspath
Gorebridge
Crichton Castle
Fast Castle
St. Abb's Head
Middleton
Soutra Mains
Lammer Law
529
535
Grantshouse
Coldingham
Abbey St. Bathans
Moorfoot Hills
468
Ellemford
262
Eyemouth
Longformacus
Oxton
398
Preston
Reston
Burnmouth
Windlestraw Law
659
Lauder
Thirlestane
Westruther
Edrom
Chirnside
Lamberton
Duns
Manderstone House
Berwick-upon-Tweed
Stow
Houndslow
Polwarth
Woollen Trail
Greenlaw
Swinton
Paxton House
Tweedmouth
Galashiels
Traquair
Earlston
Mellerstain House
Hume
Horncliffe
Leitholm
Norham
Scremerston
Abbotsford
Melrose
Scott's View
Nenthorn
Ednam
Coldstream
Hirsel Country Park
Cornhill
Haggerston
Newark Castle
Bowhill House
Newtown St. Boswells
Dryburgh Abbey
Floors Castle
St. Boswells
Kelso
Crookham
Lowick
Fenwick
Selkirk
Roxburgh
Ettrick Forest
Ashkirk
Lilliesleaf
Ancrum
Eckford
Town Yetholm
Kilham
Milfield
Doddington
Bonjedward
Cessford
Morebattle
Wooler
Belford
Burnfoot
Denholm
Jedburgh
Chatton
Hawick
Teviotdale
The Cheviot
815
Chillingham
315
Hobkirk
Jedforest Deer and Farm Park
Wooperton
Teviothead
Cushat Law
616
Ingram
Eglingham
Cauldcleuch Head
608
Carter Bar
418
Northumberland
Powburn
Whittingham
The Cheviot Hills
Hermitage
Peel Fell
602
Coquet
Alwinton
Netherton
Callaly
Hermitage Castle
Saughtree
Byrness
Edlingham
275
Redesdale Camp
Kielder
Swarland Estate
Newcastleton
Kielder Forest
Rothbury
440
Longframlington
Highgreen
378
Otterburn
National Park
Manor
Elsdon
Kielder Water (Resv.)
Falstone
Gatehouse
Longhorsley
Sighty Crag
518
West Woodburn
Nunnykirk
194
Roughsike
Bellingham
Ridsdale
342
Knowesgate
Bewcastle
Hartburn
Cambo
Milford
Wark Forest
Kirkcambeck
Stonehaugh
Whalton
Morpeth
England
Rede
Till
Tweed
Teviot

A
B
C
1
2
3
4
5
6
Point of Ardnamurchan
Achosnich
Ockle
Ardnamurchan
Kilchoan
Acharac
Glenborrodale
Oronsay
Carna
Drimnin
Mor
Castlebay 5½h
Sorisdale
Arnabost
Arinagour
Arileod
Coll
Caliach Point
Tobermory
Dervaig
Calgary
Achleck
Clachan Mór
Caoles
Scarinish
Crossapoll
Tiree
Oban-Scarinish 4½h
Inner Hebrides
Treshnish Isles
Gometra
Loch Tuath
Salen
Fishnish
Ulva
Inchkenneth Chapel
Loch na Keal
Balnahard
Fingal's Cave
Staffa
Ben More
967
Dun da Ghaoithe
766
Craignure
Mull Rail
Torosay Castle
Mull
Iona
Baile Mór
Iona Abbey
Fionnphort
Ardmeanach
The Burgh
Loch Scridain
Bunessan
Ross of Mull
Erraid
Carsaig
Lochbuie
Loch Buie
Carsaig Arches
Sound of Mull
ATLANTIC
OCEAN
Firth of Lorn
Easdale
Seil
Garvellachs
Luing
Lunga
Toberonochy
Scarba
Shuna
Kiloran Gardens
Colonsay
Scalasaig
Oronsay
Aird
Kilmartin
Crinan
Ardlussa
Jura
Loch Tarbert
Rubha a'mhail
Sound of Islay
Bunnahabhain Distillery
Sanaigmore
Ballinaby
Paps of Jura
785
Beinn an Oir
Keillmore
Lagg
Loch Sween
Ardrishaig
Inverneil Ho
Castle Sween
Port Askaig
Finlaggan Castle
Coal Ila Dist.
Kilchoman
Islay
Feolin Ferry
Craighouse
Loch Caolisport
St. Columba's Cave
Sound of Jura
Bruichladdich Distillery
Port Charlotte
Loch Indaal
Bridgend
Bowmore
Jura House Gardens
Cretshengan
Kilberry Stones
Knapdale
Tarbert
West Loch Tarbert
Portnahaven
Rinns Point
Beinn Bheigeir
Ardtalla
Glenegedale
Kildalton Cross
Ardpatrick Pt.
Kennacraig
Kintra
The Oa
Port Ellen
Lagavulin Distillery
Dunyvaig Castle
Ardbeg
Lower Killeyan
Mull of Oa
Laphroaig Distillery
Gigha Island
Ardminish
Achamore Gardens
Sound of Gigha
Clachan
Skipness
Claonaig
Rhunahaorine
Crossaig
Tayinloan
Kintyre
Kilbrannan Sound
Glenacardoch Point
MacAlister Clan Centre
Carradale
Dippen
Glenbarr
Beinn an Tuirc
Saddell
Pirnmill
Auchagall
10 miles
10 km
In U.K. distances in miles

120

112

D
E
F
122
117
113
Fort William
Ben Nevis
Corpach
Caol
Inverlochy Castle
Roybridge
Spean Bridge
Tulloch Station
Stob Choire
Loch Treig
Creaguaineach Lodge
Loch Ossian
Strontian
Corran
Onich
North Ballachulish
Loch Leven
Kinlochleven
Ballachulish
Glencoe
Glen Coe
Blackwater Reservoir
Rannoch Station
Loch Linnhe
Castle Stalker
Portnacroish
Port Appin
Lismore
Achnacroish
Bidean nam Bian
Clach Leathad
Gualachulain
Barcaldine Castle
Barcaldine
Benderloch
Dunstaffnage Castle
Dunbeg
Connel
Ardchattan Priory
Loch Etive
Loch Tulla
Inveroran Hotel
Bridge of Orchy
Loch Lyon
Oban
Taynuilt
Bonawe Iron Furnace
Ben Cruachan
Pass of Brander
Falls of Cruachan
Barguillean Garden
Kilninver
Kilchrenan
Ardanaiseig Gardens
Kilchurn Castle
Dalmally
Tyndrum
Ben Lui
Cladich
Crianlarich
Kilmelford
Loch Avich
Loch Awe
Blarghour
Lorn
Inveraray Castle
Inveraray
Cairndow
Ardlui
Inverlochlarig
Balquhidder
Loch Voil
Strathyre
Fincharn
Auchindrain
Old Village Museum
Strone Gardens
Beinn Ime
Inveruglas
Stronachlachar
Loch Lubnaig
Loch Katrine
The Trossachs
Ben Ledi
Crarae
Minard Castle
Strachur
Lochgoilhead
Arrochar
Ardgartan
Ben Lomond
Newton
Castle Lachlan
Argyll Forest Park
Loch Goil
Kinlochard
Rowardennan Lodge
Lendrick
Loch Venachar
Port of Menteith
Aberfoyle
Lake of Menteith
Loch Lomond
Loch Eck
Carrick
Otter Ferry
Clachan of Glendaruel
Garelochhead
Luss
Ardentinny
Benmore Younger Botanic Garden
Beinn Ruadh
Kilmun
Coulport
Rhu
Hill House
Rossdhu House
Drymen
Buchlyvie
Balfron
Dunoon
Kilcreggan
Helensburgh
Balloch Castle
Balloch
Killearn
Fintry
Colintraive
Gourock
Cardross
Alexandria
Earl's Seat
Campsie Fells
GREENOCK
Innellan
Ardgowan
PORT GLASGOW
DUMBARTON
Netherton
GLASGOW
Toward
Wemyss Bay
Rothesay
Skelmorlie
CLYDEBANK
BEARSDEN
Antonine Wall
Great Cumbrae Island
Bridge of Weir
Renfrew
Glasgow
Largs
JOHNSTONE
Lochwinnoch
PAISLEY
Barrhead
Kingarth
Millport
Sound of Bute
Fairlie
Garroch Head
Kilbirnie
Beith
RUTHERGLEN
Livingstone Centre
Portencross
Dalry
Neilston
Corrie
Seamill
West Kilbride
Burnhouse
Lugton
EAST KILBRIDE
Brodick Castle
Ardrossan
Dunlop
Eaglesham
Cowal
Argyll
Loch Fyne
Bute

123
A
B
Newtonmore
Spey
Drumgask
Creag Meagaidh
Loch Laggan
Dalwhinnie
Cairn Gorm
Ski Centre
Loch Avon
Ben Macdui
Grampian Mountains
Badenoch
Glenfeshie Lodge
Feshie
Beinn a'Chlachair
Ben Alder Lodge
Loch Ericht
Gaick Lodge
Beinn Bhrotain
Linn of Dee
Dee
Inverey
An Sgarsoch
Beinn Dearg
Forest of Atholl
Glenshee Ski Centre
Devil's Elbow
Beinn a'Ghlo
Tilt
Dalchalloch
Killichonan
Loch Rannoch
Kinloch Rannoch
Clachan
Tummel Bridge
Tressait
Blair Castle
Bridge of Tilt
Killiecrankie
Pass of Killiecrankie
Schiehallion
Loch Tummel
Edradour Distillery
Pitlochry
Enochdu
Mt. Blair
Innerwick
Lyon
Castle Menzies
Aberfeldy
Kirkmichael
Black lunans
Ballinluig
Ardle
Fortingall
Ben Lawers
Kenmore
Acharn
Loch Tay
Breadalbane
Netherton
Gorge of Ericht
Loch of Lowes
Milton Morenish
Killin
Dochart
Falls of Dochart
Creag Gharbh
Ardeonaig
Milton
Dunkeld
Blairgowrie
Rattray
Meikleour
Isla
Ben Chonzie
Lochearnhead
Loch Earn
St. Fillans
Rob Roy's Grave
Bankfoot
Tay
Burrelton
Glenturret Distillery
Comrie
Buchanty
Stanley
Ben Vorlich
Dalchruin
Crieff
Methven
Almond
Scone Palace
Balbeggie
New Scone
PERTH
Drummond Castle Gardens
Fowlis Wester
Huntingtower Castle
Innerpeffray Library
Pass of Leny
Muthill
Kinkell Bridge
Earn
Rob Roy Visitor Centre
Elcho Castle
Errol
Callander
Auchterarder
Roman Fort
Braco
Bridge of Earn
Newburgh
Lindores
Dunning
Round Tower
Greenloaning
Doune
Doune Castle
Ochil Hills
Auchtermuchty
Thornhill
Forth
Dunblane
Bridge of Allan
Glendevon
Blair Drummond
Ben Cleuch
Yetts o' Muckhart
West Lomond
Wallace Monument
Milnathort
Falkland
Kippen
Dollar
Castle Campbell
Kinross
Loch Leven
Kinross House
Fintry
STIRLING
Alva
Tullibody
Tillicoultry
Devon
GLENROTHES
Bannockburn
Alloa
Ballingry
The Pineapple
DUNFERMLINE
Kelty
Carron Valley Res.
Cowie
Airth
Kincardine
Carnock
Lochgelly
Cowdenbeath
Denny
Kilsyth
Culross Palace
Larbert
GRANGEMOUTH
KIRKCALDY
Aberdour
Burntisland
Kirkintilloch
FALKIRK
Bo'ness
Rosyth
Kinghorn
Condorrat
Inverkeithing
CUMBERNAULD
Slamannan
Hopetoun House
Forth Bridges
Firth of Forth
COATBRIDGE
Avonbridge
Linlithgow
Dalmeny
EDINBURGH
Bathgate
Broxburn
Armadale
AIRDRIE
Edinburgh
Musselburgh
Shotts
Whitburn
LIVINGSTON
Currie
MOTHERWELL
114
118

D
E
F
Castle Trail
Kildrummy Castle
Inverurie
Kinkell Church
Kintore
Don
Corgarff Castle
Colnabaichin
Glenkindie
Howe of Alford
Castle Fraser
749
619
Craigievar Castle
Tillyfourie
Gairnshiel Lodge
Morven
872
Tarland
Castle Trail
Dunecht
Blackburn
Stone Circle
300
Crathie Church
Crathie
Ballater
Dinnet
59
Torphins
471
Echt
Westhill
Midmar Castle
Balmoral Castle
Royal Lochnagar Distillery
Dee
Aboyne
Drum Castle
Bieldside
600
699
Peterculter
Crathes Castle
Lochnagar
1155
Banchory
Kirkton of Maryculter
Crathes
Mount Keen
939
Loch Muick
Strachan
Kerloch
535
Muchalls Castle
Bridge of Muchalls
694
Auchronie
Tarfside
486
Loch Lee
Cairncross
South Esk
757
Clova
Stonehaven
Dunnottar Castle
Glen Clova
Rottal
Fasque House
Hill of Wirren
403
Fettercairn
Fordoun
Todhead Point
West Water
Edzell Gardens
481
Edzell
Laurencekirk
671
Tigerton
52
Inverbervie
Dykehead
Marykirk
Kirkton of Kingoldrum
Johnshaven
Finavon
Brechin
Lochside
Kirriemuir
Finavon Castle
Montrose Basin
252
House of Dun
Montrose
Glamis Castle
Forfar
Friockheim
Boddin Point
Glamis
128
Letham
69
Lunan
Redcastle
Red Head
Kirkbuddo
Gallow Hill
455
Balgray
259
Auchmithie
Kellie Castle
DUNDEE
Arbroath
Carnoustie
Claypotts Castle
Monifieth
Firth of Tay
Newport-on-Tay
Tayport
Buddon Ness
17
13
Leuchars
Earlshall Castle
North
St.Andrews
Eden
Pitscottie
Hill of Tarvit
Sea
Largoward
290
40
Kellie Castle
Fife Ness
Kirkton of Largo
Crail
Leven
Earlsferry
Anstruther
St. Monance
Pittenweem
Isle of May
Firth of Forth
Bass Rock
10 miles
North Berwick
10 km
Dirleton
Tantallon Castle
In U.K. distances in miles
Aberlady
Gullane
Auldhame
Drem
Whitekirk
Museum of Flight
Preston Mill
Dunbar
Zeebrugge 17½h
Hailes
3
4
5
6
125
115

126

A
B
1
2
3
4
5
6
Outer Hebrides
Inner Hebrides
Sea of the Hebrides
Sound of Monach
Balranald
North Uist
Uibhist a Tuath
Lochmaddy/
Weaver
867
280
Kirkibost Island
Monach Islands
no Na h-Eileanan Monach
Samala
Baleshare
Trinity Temple
Teampull Na Trionaid
Carinish
Cairinis
Eaval
347
Benbecula
Uachdar
Nunton
Grimsay
Griomasaigh
Benbecula
Beinn na Faoghla
Ronay
Ronaigh
Creagorry
Creag Ghoraidh
Ardivachar Point
Wiay
Fuidhaigh
Our Lady of the Isles
Loch Druidibeg
Lochskipport
Loch Sgioport
Howmore
Tobha Mor
865
South Uist
Beinn Mhor
620
Flora Macdonald's Birthplace
Uibhist a Deas
Daliburgh/Dalabrog
Lochboisdale
Loch Baghasdail
Kilbride
Cille Bhrighde
Scurrival Point
Sound of Barra
186
Eriskay
Eiriosgaigh
Cille Barra
Fuday
Fudaigh
Cuier
1¾h
Castlebay
384
Barra
Barraigh
Hellisay
Bagh a Chaisteil
Vatersay
Bhatarsaigh
Kiessimul Castle
Sandray
Sanndraigh
Pabbay
Pathaigh
Mingulay
Miu' Laigh
Berneray
Bearnaraigh
Barra Head
Ceann Barraigh
Oigh-sgeir
Lochboisdale-Oban 7½h
5½h
Ballyhaugh
Arnabost
Arinagour
Arileod
Coll
Clachan Mór
Caoles
Barrapoll
Crossapoll
Scarinish
141
Tiree
1h
Oban-Scarinish 4½h
Treshnish Isles
10 miles
10 km
In U.K. distances in miles

116

D
E
F
127
Rubha Hunish
Eilean Trodday
Melvaig
Kilmaluag
Waternish Point
Skye Museum of Island Life
Flora Mac Donald's Tomb
Quiraing
Big Sand
Longa Island
Loch Gairloch
Waternish
Trumpan
Ascrib Islands
Loch Snizort
Uig
Staffin
Kilt Rock
Redpoint
Isay
Lusta
Elishader
Earlish
Trotternish
Duirinish
Dunvegan Castle
Colbost
Folk Museum
Dunvegan
Edinbane
The Storr
Old Man of Storr
Island of Rona
Fearnmore
Loch Torridon
Ramasaig
Roskhill
Borve
Prince Charles' Cave
Sound of Raasay
Shieldaig
Loch Bracadale
Bracadale
Portree
Brochel
Raasay
Inner Sound
Idrigill Point
Wiay
Applecross
Beinn Bhàn
Camastianavaig
Fiskavaig
Drynoch
Clachan
Toscaig
Ardarroch
Merkadale
Talisker Distillery
Peinchorran
Crowlin Islands
Lochcarron
Sligachan Hotel
Sconser
Minginish
Loch Carron
Crofter's Museum House
Scalpay
Erbusaig
Plockton
Skye
Cuillin Hills
Luib
Duirinish
Glenbrittle House
Sgurr Alasdair
Loch Coruisk
Pabay
Kyle House
Kyle of Lochalsh
Lochalsh Garden
Balmacara
Kyleakin
Caistal Maol
Loch Alsh
Torrin
Broadford
Skulamus
Eilean Donan Castle
Loch Scavaig
Soay
Kylerhea
Loch Slapin
Elgol
Canna
Magnetic Hill
Prince Charle's Cave
Glenelg
Shiel Bridge
Sanday
Sound of Canna
Isleornsay
Rum
Rhum
Kinloch Castle
Knock Castle
Loch Hourn
Arnisdale
Armadale Castle & Clan Donald Centre
Aird of Sleat
Askival
Point of Sleat
Sound of Sleat
Meall Buidhe
Knoydart
Mallaig
Sound of Rum
Loch Nevis
Cleadale
Eigg
Glenancross
North Morar
Bunacaimb
Loch Morar
Arisaig
Rubh'Arisaig
Muck
South Morar
Sound of Arisaig
Sgurr Thuilm
Lochailort
Glenfinnan
Glenfinnan Monument
Eilean Shona
Moidart
Loch Shiel
Point of Ardnamurchan
Achosnich
Ockle
Ardtoe
Ardmolich
Drumsallie
Ardnamurchan
Kilchoan
Acharacle
Salen
Glenborrodale
Oronsay
Loch Sunart
Carna
Tobermory
Strontian
Corran
Calgary
Dervaig
Drimnin
Morvern
Creach Bheinn
Loch Linnhe
Achleck
Loch Tuath
Sound of Mull
Ballachulish
Salen
121
117

A
B
C
127
117
122
10 miles
10 km
In U.K. distances in miles
Eilean Trodday
Quiraing
Staffin
Kilt Rock
Melvaig
Cove
Mellon Charles
Gruinard Bay
Badluarach
Tighnafiline
Loch Ewe
Midtown
Tournaig
Badcaul
Blarnalearoch
Longa Is.
Big Sand
Poolewe
Inverewe Gardens
Dundonnell
An Teallach
Loch Gairloch
Gairloch
Kerrysdale
Fionn Loch
Redpoint
Loch Maree
Victoria Falls
Fearnmore
Island of Rona
Loch Torridon
Lower Diabaig
Beinn Eighe Nature Reserve
Upper Loch Torridon
Kinlochewe
Liathach
Sound of Raasay
Shieldaig
Torridon
Wester Ross
Achnasheen
Brochel
Raasay
Inner Sound
Applecross
Beinn Bhàn
Scardroy
Lair
Clachan
Toscaig
Ardarroch
Strathcarron
Crowlin Islands
Lochcarron
Attadale House
Loch Carron
Loch Monar
Scalpay
Erbusaig
Plockton
Duirinish
Stromeferry
Pabay
Kyle of Lochalsh
Kyle House
Lochalsh Garden
Torrin
Kyleakin
Balmacara
Sgurr na Lapaich
Broadford
Skulamus
Caistal Maol
Loch Alsh
Dornie
Carnach
Eilean Donan Castle
Loch Mullardoch
Kylerhea
Loch Duich
Falls of Glomach
Carn Eige
Glenelg
Morvich
Isleornsay
Shiel Bridge
Five Sisters
Glen Affric
Sound of Sleat
Knock Castle
Loch Hourn
Arnisdale
Road to the Isles
Meall Buidhe
Knoydart
Kinloch Hourn
Dalchreichart
Mallaig
Loch Nevis
Loch Cluanie
Loch Quoich
Loch Loyne
Fort Augus
North Morar
Loch Morar
Garry
Loch Garry
Invergarry
Arisaig
Murlaggan
South Morar
Loch Arkaig
North Lochaber
Sgurr Thuilm
Lochailort
Clunes
Loch Lochy
Brae Roy Lodge
Glenfinnan
Glenfinnan Monument
Achnacarry House
Moidart
Shiel
Locheilside Station
Gairlochy
Glen Roy
Drumsallie
Spean Bridge
Ardmolich
Loch
Caledonian Canal
Roybridge
Loch Eil
Corpach
Moy
Caol
Spean
Tulloch Station
Fort William
Inverlochy Castle
Ben Nevis
Stob Choire
Strontian
Loch Treig
Creach Bheinn
Corran
Onich
Creaguaineach Lodge
North Ballachulish
Loch Leven
Loch Ossian
Kinlochleven
Loch Linnhe
Ballachulish
Glencoe
Glen Coe
Blackwater Reservoir
Grampian
1
2
3
4
5
6
832
855
896
890
87
851
830
861
82
86
884
828
44
53
279
25
12
33

D
E
F
128
Lairg
Oykel Bridge
Invercassley
Falls of Shin
Balnacoil
Golspie
Brora
Clinelish D
Dunrobin Castle
Pittentrail
Inveran
Culrain
Bonar Bridge
Croick
Ardgay
Littleferry
Loch Fleet
Procny
Deanich Lodge
Fearn Lodge
Skibo Castle
Dornoch
Dornoch Firth
Edderton
Kildermorie Lodge
Tain
Tarbat
Portmahomack
Easter Ross
Wyvis Lodge
Loch Glass
Ben Wyvis
Dalnavie
Fearn Station
Balintore
Alness
Milton
Fyrish Monument
Eileanach Lodge
Invergordon
Gorstan
Garve
Balnapaling
Kirkwall (Orkney Is.) 8½h
Cromarty Firth
Balblair
Blue Head
Cromarty
Moray Firth
Strathpeffer
Dingwall
Black Isle
Contin
Conon Bridge
Marybank
Fortrose
Whiteness Head
Tore
Muir of Ord
Avoch
Fort George
Nairn
Brodie Castle
Beauly Priory
Beauly
Kilmorack
North Kessock
Inverness
Beauly Firth
Clephanton
Struy
INVERNESS
Culloden Moor
Croy
Cawdor Castle
Clava Cairns
Daviot
Ferness
Balnafoich
Dores
Milton
Loch Ness Monster Exhibition
Drumnadrochit
Urquhart Castle
Loch Duntelchaig
Loch Moy
Lochindorb
Tomatin
Tomatin Distillery
Carn Glas-choire
Foyers
Invermoriston
Loch Mhor
Duthil
Grantown-on
Carrbridge
Coignafearn Lodge
Carn na Saobhaidhe
Monadhliath Mountains
Garragie Lodge
Landmark Forest Heritage Park
Aviemore
Inverdruie
Carn Ban
Highland Wildlife Park
Kincraig
Glenmore Lodge
Loch an Eilean
Loch Morlich
Ski Centre
Melgarve
Kingussie
Highland Folk Museum
Newtonmore
Cairn Gorm
Loch Avon
Drumgask
Badenoch
Monadhliath
Ben Macdui
Loch Laggan
Glenfeshie Lodge
Dalwhinnie
Beinn Bhrotain
Braemar
Linn of Dee
Ben Alder Lodge
Gaick Lodge
Inverey
Braemar
Loch Ericht
An Sgarsoch
Beinn Dearg
Forest of Atholl
Glenshee Ski Centre
Devil's Elbow
Beinn a'Ghlo
118

A
B
C
128
118
124
Dalchork
Lairg
Balnacoil
Helmsdale
Berriedale
Boch-ailean
Gardens
Lothmore
Falls of Shin
Pittentrail
Inveran
Golspie
Brora
Clinelish Distillery
Dunrobin Castle
Bonar Bridge
Littleferry
Loch Fleet
Proncy
Skibo Castle
Dornoch
Dornoch Firth
Edderton
Tain
Tarbat Ness
Portmahomack
Easter Ross
Fearn Station
Milton
Alness
Balintore
Invergordon
Cromarty Firth
Balnapaling
Balblair
Blue Head
Cromarty
Moray Firth
Kirkwall
Burghead
Findhorn
Burghead Well
Branderburgh
Lossiemouth
ortrose
Whiteness Head
Avoch
Fort George
Inverness
Nairn
Brodie Castle
Kinloss
Duffus Castle
Spynie Palace
Spey Bay
Clephanton
Forres
Sueno's Stone
Elgin
Culloden Moor
Croy
Cawdor Castle
Dallas Dhu Distillery
Pluscarden Priory
Clava Cairns
Dallas
Mosstodloch
Fochabers
Ferness
Rothes
Malt Whisky Trail
Glen Grant Distillery
Strathisla Distillery
Loch Moy
Lochindorb
Upper Knockando
Cardhu Distillery
Craigellachie
Strathspey
Charlestown of Aberlour
Balvenie Castle
Glenfiddich Distillery
Marypark
Glenfarclas Dist.
Tomatin
Tomatin Distillery
Carn Glas-choire
Ben Rinnes
Dufftown
Torry
Auchindoun Castle
Deveron
Drumin
Grantown-on-Spey
Duthil
Carrbridge
Dulnain
Glenlivet Distillery
Cabrach
Landmark Forest Heritage Park
Rhynie
Aviemore
Tomintoul
Inverdruie
Carn Mor
Kincraig
Glenmore Lodge
Mossat
Loch an Eilean
Loch Morlich
Ski Centre
Castle Trail
Kildrummy Castle
Cairn Gorm
Glenkindie
Colnabaichin
Corgarff Castle
Loch Avon
Ben Macdui
Feshie
Craigievar Castle
Gairnshiel Lodge
Morven
Tarland
feshie Lodge
Beinn Bhrotain
Braemar
Linn of Dee
Crathie Church
Crathie
Stone Circle
Ballater
Dinnet
Inverey
Balmoral Castle
Royal Lochnagar Distillery
Aboyne
An Sgarsoch
Dearg
Lochnagar
Clunie Water
Glenshee Ski Centre
Devil's Elbow
Loch Muick
Mount Keen
Beinn a'Ghlo
Tilt
Dee
Don
Spey
Avon
Findhorn
Lossie

D
E
F
130
1
2
3
4
5
6
Stromness (Orkney Is.) 8h
North Sea
Lerwick (Shetland Is.) 14h
Bergen 30h
Portknockie
Cullen
Portsoy
Fordyce
Kirktown of Deskford
Whitehills
Macduff
Banff
Duff House
Crovie
Troup Head
Pennan
Rosehearty
Kinnaird Head
Fraserburgh
Gardenstown
Mid Ardlaw
Ladysford
St. Combs
Rathen
Aberchirder
Craigston Castle
Delgatie Castle
Turriff
New Pitsligo
Strichen
Rattray Head
Bogniebrae
Cuminestown
Denhead
Deer Abbey
Industrial Estate
Huntly Castle
Castle Trail
Badenscoth
Fyvie Castle
New Deer
Old Deer
Mintlaw
Peterhead
Buchan
Fyvie
Kirkton of Culsalmond
Rothienorman
Methlick
Auchnagatt
Boddam
Buchan Ness
Picardy Stone
Insch
Stone Circle
Haddo House
Bullers of Buchan
Cruden Bay
Slains Castle
Tolquhon Castle
Pitmedden Garden
Ellon
Toll of Birness
Bennachie
Oldmeldrum
Pitmedden
Formartine
Inverurie
Newburgh
Kemnay
Kinkell Church
Newmachar
Kintore
Don
Castle Fraser
Balmedie
Aberdeen (Dyce)
Dunecht
Blackburn
Dyce
Denmore
Echt
Westhill
Bridge of Don
Midmar Castle
ABERDEEN
Drum Castle
Bielside
Peterculter
Girdle Ness
Crathes Castle
Banchory
Dee
Crathes
Kirkton of Maryculter
Strachan
Deveron
Ythan
10 miles
10 km
In U.K. distances in miles
125
119

A
B
C
1
2
3
4
5
6
10 miles
10 km
In U.K. distances in miles
ATLANTIC
Flannan Isles
Na h-Eileanan Siar
Outer Hebrides
Gallan Head
Miavaig
Miabhig
428
Brenish
Breanais
Laival a Tuath
495
19
256
Scarp
308
Gasker
Hushinish
Huisinis
679
12
18
Clisham
799
Loch West Tarbert
Taransay
Sound of Taransay
506
Toe Head
Tarbert
Tairbeart
20
Borve
859
Harris
Na Hearadh
Northon
Pabbay
Pabaigh
196
Haskeir Island
Ensay
Sound of Harris
Cluer
104
Berneray
Bearnaraigh
Boreray
Boraraigh
459
St.Clement's Church
Killegray
Rodel / Roghadal
Renish Point
Vallay
Bhalaigh
1¼h
Tigharry
Tigh a Ghearraidh
865
893
Newtonferry
Trumisgarry
North Uist
Uibhist a Tuath
Balranald
1¾h
Sound of Monach
Kirkibost Island
Lochmaddy/ Loch Na Madadh
867
Weaver's Point
Monach Islands
no Na h-Eileanan
Monach
Samala
Baleshare
280
Minch
1½h
Trinity Temple
Carinish
Cairinis
Eaval
347
Teampull Na Trionaid
Benbecula
Uachdar
Nunton
Grimsay
Griomasaigh
Benbecula
Beinn na Faoghla
Ronay
Ronaigh
Little Minch
Ardivachar Point
Creagorry
Creag Ghoraidh
Wiay
Fuidhaigh
Our Lady of the Isles
120
Lochskipport
Waternish Point
Waternish
Trumpan
284
Loch Snizort
Dunvegan Head
Isay I.
Loch Dunvegan
Lusta
Dunvegan Castle
Milovaig
Duirinish
Colbost
Folk Museum
Dunvegan
Gearr
Great Ber
Loch Roag

D
E
F
1
2
3
4
5
6
OCEAN
Butt of Lewis
Rubha Robhannais
Church of St. Moluag
Teampull Mholuidh
Port of Ness
Port Nis
The Trushel Stone
Shader
Siadar Iarach
Lewis Black House
Barvas
Barabhas
Carloway / Carlabhagh
Carloway Broch
North Tolsta
Tolastadh
Tolsta Head
Beinn Mholach
Back / Bac
Upper Coll
Col
Broad Bay
Tiumpan Head
Laxdale
Stornoway
Steornabhagh
Portnaguran
Port Nan Giuran
Lewis Castle
Achmore
Acha Mor
St. Columba's Church
Eye Peninsula
An Rubha
Leurbost / Liurbost
Crossbost
Balallan
Baile Ailein
Kebock Head
Lemreway
Leumrabhagh
Eilean Iubhard
Sound of Shiant
Shiant Islands
Nah-Eileannan Mora
Eilean an Tighe
The Minch
Ullapool 3½h
Rubha Coigeach
Reiff
Summer Isles
Achiltibuie
Tanera Mór
Priest Island
Rubha Mór
Gruinard Bay
Mellon Charles
Badluarach
Rubha Réidh
Cove
Melvaig
Tighnafiline
Midtown
Loch Ewe
Tournaig
Badcaul
Inverewe Gardens
Dundonnell
An Teallach
Big Sand
Longa Island
Poolewe
Loch Gairloch
Gairloch
Fionn Loch
Kerrysdale
Loch Maree
Redpoint
Victoria Falls
Hunish
Eilean Trodday
Kilmaluag
Flora Mac Donald's Tomb
Quiraing
Staffin
Kilt Rock
Uig
Elishader
Earlish
Trotternish
The Storr
Old Man of Storr
Fearnmore
Island of Rona
Lower Diabaig
Beinn Eighe
122

A
B
C
1
2
3
4
5
6
10 miles
10 km
In U.K. distances in miles
ATLANTIC
Cape Wrath
Clo Mor Cliffs
Faraid Head
Balnakeil Church
Durness
Whiten Head
Cave of Smoo
Loch Eriboll
Kinlochbervie
Midfie
Rhiconich
Handa Island
Tarbet
Foinaven
908
Eriboll
Loch Hope
Tongue
Kyle of Tongue
307
Scourie
Laxford Bridge
Ben Hope
927
Eddrachillis Bay
Loch Stack
Dun Dornaigil Broch
765
Alltnacaillich
Oldany I.
Reay Forest
Loch
Culkein
419
Drumbeg
Kylestrome
Loch More
Loch Meadie
252
Newton
Kinloch
Achmelvich
Loch Glencoul
792
Eas a Chual Aluinn Falls
Altnaharra
Loch Naver
Coigeach
Lochinver
Loch Assynt
Skiag Bridge
Ardvreck Castle
96
Inchnadamph
847
Ben Klibreck
962
Loch Choire
Loch Ch Lodge
Ben More Assynt
998
Crask Inn
204
Loch Sionascaig
Cam Loch
Smokehouse
Cul Mor
849
367
Creag
713
Loch Lurgainn
459
Elphin
Ledmore
Duchally
Coigach
Inverpolly Nature Reserve
Loch Shin
Culnacraig
Drumrunie
307
Cassley
Isle Martin
Strath Kanaird
Dalchork
Lairg
Brora
Ullapool
Oykel
Oykel Bridge
373
Blarnalearoch
558
Invercassley
201
412
East Rhidorroch Lodge
Falls of Shin
Pittentrail
Teallach
1062
Ardcharnich
Kyle
Inveran
Croick
Culrain
Bonar Bridge
Carron
283
Loch Fleet
387
Beinn Dearg
1081
647
Ardgay
253
Proncy
Corrieshalloch Gorge
Deanich Lodge
733
Falls of Measach
Fearn Lodge
Skibo Castle
Loch Vaich
Edderton
Sgurr Mór
1109
742
Kildermorie Lodge
Black Water
321
Tain
Northwest Highlands
838
894
837
835
836
832
839
949
3
19
24
16
36
21
17
28
18
13
14
11
12
8
9
4
22
123
39

D
E
F
OCEAN
Lerwick (Shetland Is.) 8h
Brough Head
Marwick Head
Nature Reserve
Twatt
Skara Brae
Aith
Yesnaby
Loch of Stenness
Ring of Brodgar
Standing Stones of Stenness
Stromness
Unston Cairn
Graemsay
Linksness
St. John's Head
Old Man of Hoy
Ward H
Houton
Cava
Rora Head
Dwarfie Stane
Hoy
Lyness
Melsetter
Longhope
South Walls
Swona
Pentland Firth
2h
Strathy Point
Totegan
Bettyhill
Portskerra
Dounreay
St. Mary's Chapel
Scrabster
Melvich
Reay
Buldoo
Thurso
Dunnet Head
Dunnet Bay
Scarfskerry
Castle Mey
Dunnet
Mey
Huna
John
Castletown
Island of Stroma
Loch Calder
Braal Castle
Roadside
Halkirk
Freswick
Dalhaivaig
Flow Country
Halladale River
Calder Mains
Kirk
Nybster
Loch Watten
Sinclair's Bay
Olgrinmore
Thurso
Mybster
Watten
Keiss
Noss Head
Castle Girnigoe and Sinclair
Forsinard
Altnabreac Station
Westerdale
Wick
Castle of Old Wick
Loch nan Clàr
Dalnawillan Lodge
Achavanich
Cairns of Camster
Thrumster
Glutt Lodge
Kinbrace
Stone Rows
Ulbster
Lybster
Clann Gunn Museum
Braemore
Morven
Latheron
Dunbeath
Kildonan Lodge
Langwell Gardens
Berriedale
Boch-ailean
Helmsdale
Balnacoil
Lothmore
Helmsdale
Brora
Clinelish Distillery
Golspie
Dunrobin Castle
Tarbat Ness
Dornoch Firth
5
6

A
B
C
1
2
3
4
5
6
10 miles
10 km
In U.K. distances in miles
Lerwick (Shetland Is.) 8h
Mull Head
Noup Head
Papa Westray
Knap of Howar
Noltland Castle
Pierowall
½h
North Ronaldsay
Westray
169
Midbea
The North Sound
North Ronaldsay Firth
Westray Firth
Rapness
2½h
Calf of Eday
Scar
Carrick Ho
Northwa
Roosay
Wasbister
Faray
Eday
Star Poir
Brough Head
Brough of Birsay
66
Kettletoft
Sanday
Braeswick
Quoyness Cairn
Sanday
Marwick Head Nature Reserve
The Barony
Broch of Gurness
Blackhammer Cairn
St. Magnus's Church
Twatt
Georth
Brinyan
Egilsay
Backaland
Sound
986
966
Skara Brae
967
Tingwall
Wyre
Dounby
Stronsay
Mainland
Aith
Corrigall Farm Mus.
Gairsay
Whitehall
Yesnaby
Aith
Stronsay
Loch of Stenness
Loch of Harray
Edmonstone
Ring of Brodgar
Standing Stones of Stenness
Finstown
Balfour
Rothiesholm
Wide Firth
Stromness
Maes Howe
Sandgarth
Firth
Shapinsay
Unston Cairn
965
226
Kirkwall
Shapinsay Sound
Auskerry
Graemsay
Ward Hill
Linksness
269
Orphir
Highland Park Distillery
Head Hoy
481
Ward Hill
Houton
964
Kirkwall
3
100
960
Mull Head
Orkney Islands
Round Church
Dwarfie Stane
Cava
German High Seas Fleet
St.Mary's
Gritley
Hoy
Scapa Flow
Italian Chapel
Fara
Lyness
154
Flotta
Copinsay
Bow
Burray
Longhope
Howe of Hoxa
Melsetter
St.Margaret's Hope
South Walls
103
South Ronaldsay
Pentland Firth
Swona
961
Burwick
Tomb of the Eagles
Dunnet Head
Island of Stroma
Scarfskerry
¾h
Castle Mey
Huna
836
Mey
Duncansby Head
John o' Groats
3
Freswick
Kirk
99
Nybster
Sinclair's Bay
62
Keiss
Noss Head
Wick
Castle Girnigoe and Sinclair
Wick
Castle of Old Wick
Thrumster
Ulbster
North Sea
Invergordon 8½h
Aberdeen 8h

125

D
E
F
1
2
3
4
5
6
Shetland Islands
Muckle Flugga
Herma Ness
Lamba Ness
285
Burrafirth
Norwick
Haroldswick
Baltasound
Unst
968
Cullivoe
Uyeasound
Belmont
Muness Castle
Gutcher
Uyea
Point of Fethaland
Lumbister Reserve
Yell
Oddsta
Fetlar
Fetlar Reserve
Brough Lodge
Houbie
Hascosay
Mid Yell
West Sandwick
Funzie
Colgrave Sound
Yell Sound
North Roe
Ronas Hill
449
166
Otterswick
Ollaberry
Ulsta
Burravoe
Old Haa
Bigga
Stenness
Esha Ness
Gate of Giants
Hillswick
Toft
Sullom Voe Oil Terminal
970
Saint Magnus Bay
Laxobigging
Hamnavoe
1½h
Out Skerries
Muckle Roe
Busta House
Brae
Skaw
Whalsay
Papa Stour
Swarbacks Minn
Hillside
Laxo
Vidlin
Symbister
122
Vementry
West Burrafirth
Papa Little
Voe
½h
Melby Ho
281
Neap
Brettabister
249
971
Erne's Stack
Dale
Bridge of Walls
Bixter
Wats Ness
Walls
Tresta
54
2½h
Vaila
Culswick
Veensgarth
Bressay
Heogan
Foula 2½h
The Deeps
Scalloway
Broch
Lerwick
Isle of Noss
Kirkabister
Orkneyman's Cave
Bard Head
Hamnavoe
Quarff
West Burra
East Burra
Royl Field
293
Kettla Ness
Cliff Sound
Bergen 10½h
Mainland
Mousa
Mousa Broch
Sandwick
Levenwick
St. Ninian's Isle Church
Tórshavn (Føroyar) 13h
Seyðisfjörður 31-106 h
Skelberry
Croft House Museum
Fitful Head
283
Toab
Braer (Oil tanker wreck)
Sumburgh
Grutness
Jarlshof
Sumburgh Head
North Sea
Stromness (Orkney Is.) 8h
Grutness 2¾h
Lerwick 4½h
217
Fair Isle
Stonybreck
Fair Isle 2¾h
Aberdeen 14h

In diesem Register sind alle in diesem Führer erwähnten Orte und Ausflugsziele verzeichnet. Halbfette Seitenzahlen verweisen auf den Haupteintrag, kursive auf ein Foto.

Schreiben Sie uns!

Liebe Leserin, lieber Leser,

wir setzen alles daran, Ihnen möglichst aktuelle Informationen mit auf die Reise zu geben. Dennoch schleichen sich manchmal Fehler ein – trotz gründlicher Recherche unserer Autoren/innen. Sie haben sicherlich Verständnis, dass der Verlag dafür keine Haftung übernehmen kann. Wir freuen uns aber, wenn Sie uns schreiben.

Senden Sie Ihre Post an die MARCO POLO Redaktion,
Mairs Geographischer Verlag, Postfach 31 51, 73751 Ostfildern,
marcopolo@mairs.de

Impressum

Titelbild: Dudelsackbläser (Das Fotoarchiv: Babovic) (109)
Fotos: G. Amberg (21, 62); S. Gabriel (97); HB-Verlag: Modrow (Ur., 2u., 4, 5o., 5u., 12, 22, 27, 33, 36, 39, 41, 47, 56, 60, 70, 72, 74, 81, 84, 86, 88, 98); Lade: Thompson (44); laif: Specht (26); Mauritius: Keane (50), Mehlig (17), Nägele (2o., 15, 67), Pigneter (90), Thonig (1, 6, 42, 58, 64), Torino (68), Vidler (24, 31); H. Krinitz (Ul., Ur., 7, 9, 10, 25, 43, 94); Schapowalow: Brooke (78), Nebe (77), Nebia (18); Schuster: Explorer (83), Ikeda (52); Transglobe: Deterding (76), Richardson (69); E. Wrba (20, 93)

9., aktualisierte Auflage 2004 © Mairs Geographischer Verlag, Ostfildern
Herausgeber: Ferdinand Ranft, Chefredakteurin: Marion Zorn
Lektor: Jochen Schürmann, Bildredakteurin: Gabriele Forst
Kartografie Reiseatlas: © Mairs Geographischer Verlag/Falk Verlag, Ostfildern
Gestaltung: red.sign, Stuttgart
Sprachführer: in Zusammenarbeit mit Ernst Klett Verlag GmbH, Stuttgart, PONS Wörterbücher

Printed in Germany. Gedruckt auf 100% chlorfrei gebleichtem Papier

Bloß nicht!

Auch in Schottland gibt es – wie in jedem Reiseland – Touristenfallen und Dinge, die man besser meidet

Andere nicht überholen lassen

Die Ausweichstellen der einspurigen Landstraßen dienen dazu, entgegenkommenden Verkehr vorbeizulassen und nachfolgenden Fahrzeugen das Überholen zu ermöglichen. Es gilt als Verkehrsverstoß, wenn man diese Regel missachtet.

Nachts frieren ...

Viele Fremdenbetten in Bed-&-Breakfast-Quartieren und Guest Houses sind nur mit leichten Decken ausgestattet. Statt den abgehärteten Schotten nachzueifern und womöglich ergeben zu frieren, sollte man sich vergewissern, ob Extradecken bereit liegen. Wenn nicht, fragen Sie beim Wirt nach, er wird Ihnen sicher welche geben können.

Querbeet laufen

Es muss dringend davon abgeraten werden, im Hochland einfach nach Lust und Laune loszuwandern. Tückische Moore, Tümpel und Felsgeröll machen den Ausflug zur Strapaze und zu einem nicht eben ungefährlichen Abenteuer. Es gibt in den schönsten Gegenden (etwa den National Nature Reserves oder Forest Parks) Wanderpfade, dazu Fernwanderwege wie den West Highland Way, und vielerorts werden geführte Wanderungen angeboten.

Mückenschutz vergessen

Sie heißen *midges* und sind vielleicht die meistgehassten Plagegeister Schottlands: Die pfefferkorngroßen Verwandten der ordinären Mücke treiben bei Temperaturen über 18 Grad vor allem im Mai/Juni und September/Oktober in der Nähe der Lochs ihr Unwesen. Man sollte deshalb um diese Zeit nie ohne entsprechende Schutzmittel unterwegs sein. Man bekommt sie in jeder Apotheke.

Beim Essen sparen

Gäste eines Schlosshotels kommen in Schottland kulinarisch fast immer auf ihre Kosten. Das Essen in einfachen Lokalen kann dagegen selbst für den anspruchslosen Low-Budget-Touristen nicht selten eine Enttäuschung sein. Am Essen zu sparen und einen Bogen um gute Restaurants zu machen kann den ganzen Schottland-Urlaub vermiesen.

Das Tanken vergessen

Von Samstagmittag bis Montagmorgen sind Zapfsäulen in ländlichen Gebieten trocken gelegt. Viele Bewohner des Hochlandes und der Inseln halten den »Sabbat« heilig, aber zumindest »sonntags nie« gilt auch in anderen schottischen Landstrichen. Nehmen Sie also im dünn besiedelten Norden jede Gelegenheit zum Tanken wahr.